光城悠人
Yuto Mitsushiro

受かる！

決まる！

内定メンタル

読むだけで不安がなくなり自分の強みに気づける本

すばる舎

問． 次の言葉から連想する「感情」について、カッコ内に当てはまる言葉を埋めよ。

就活は「　　　　　　　」。

仕事は「　　　　　　　」。

社会は「　　　　　　　」。

人生は「　　　　　　　」。

いきなり変な質問を投げかけてすみません。

就活、仕事、社会、人生。
どれも「しっかり考えなきゃいけない問題」のように見えると思います。

たしかにこれらは大事で、重要なことです。

たしかに、そうではあるけれど、ちょっと難しく考えすぎていませんか？

もし、このカッコ内に入る言葉が、うしろ向きになりそうだったとしたら、それはただの「思い込み」かもしれません。

それって、すごくもったいない。

本来は、就活も仕事も社会も人生も、自分が楽しくすごすためにあるはずです。

本当はもっと楽しくすごせるはずなのに、いつのまにか「そういうもの」だと思って、しんどくなったり、不安になったりするのは、たぶん「気のせい」です。

だから、この本ではそこから抜け出す方法、就活を楽しむ考え方を説明していきます。

学生みなさんが、就活を楽しめますように！

目次

> 第6章 <

すぐ実践できる！
「非常識」就活法

「非常識」就活① ES なんて「コピペ」で十分

装丁・デザイン………鈴木大輔・江﨑輝海・仲條世菜（ソウルデザイン）

第 1 章

就活って怖い？ 就活は 「おばけ」と同じ

「就活がイヤだ」という学生の声をよく聞きます。
でも、就活って本当にそういうものなんでしょうか。
まだ会ったことない人について、周りのみんなが、
「あいつ、ヤバい奴だよ」なんて言ってたら、
先入観で「そういう人」だと思ってしまいそうじゃないですか？
もしかしたら就活だって、そういうものかもしれません。

「就活こわい」の
学生たち

「思い込み」で疲れちゃう

最初から、いきなり意味がわかりにくい話をしますね。

就活が、どんどん「楽ちん」になってきてる。
その一方で、就活がどんどん「小難しく」なっている。

そもそも「楽ちん」になることと「小難しい」は、矛盾してると思うかもしれません。ただ、最近の社会の動きや、学生や就活の状況、企業の動向を見ていると、やっぱりそれはリアルに起きている変化です。

ぼくは就職氷河期と言われていた時期から20年以上、企業の新卒採用や学生の就活にかかわってきました。その中で、ここ数年の就活の変化を、ひしひしと感じています。
「就活がしんどい、不安だ、やりたくない、怖い……」という学生たちが毎年、どんどん増えてきています。

もちろん、過去には就活にそういう感情を抱く学生もいたし、個人的には「そう捉える学生もいるよね」と思っていました。
ただ、この5年くらい、そんな学生が急激に増えてきています。

世間のニュースを見ると、就活でメンタルを崩してしまう人までいるようです。

　そんなみなさんに伝えたいんです。

「その怖さのほとんどは気のせいかもよ？」
「人生を妄想でしんどくしないほうがいいよ！！」って。

　精神的に疲れちゃう人が世の中に増えることで、むしろ就活が相対的に「楽ちん」になっているし、その背景には就活がどんどん「小難しく」なっている現状があることを知っておいてほしい。

　これでもまだわかりにくいと思うので、もうちょっと説明しますね。というのも、就活がどんどん「おばけ」のようになっている。

正体不明なものの噂を聞いて、
それに出遭う前から怖がって、
怖がる人ほど怖い経験をしがち。

　こう言葉にしてみると、おばけと就活って、似てません？
「おばけを見た！」という人も、おばけに遭ったことがない人も、とりあえず誰もが「おばけ、怖い！」と言います。もしかしたら、おばけの中にも怖くない子がいるかもしれないのに、出遭う前から「怖い」と思い込んで怯えてる。

　就活も同じです。まだ就活を始めてもいないのに、多くの学生が「怖い」「不安だ」「しんどそう」「やりたくない」って、ネガティブな感情からスタートしちゃう……。

噂で「怖さ」が増幅する

　世の中のネガティブな話は、だいたい噂で広まります。

　「ウチのばあちゃんの話では……」「あの場所ではこんなことが起きるらしい」「実は友だちの親戚の恋人が……」「ネットの掲示板に書いてあったんだけど……」。

　って、よくよく聞いたら裏付けのない曖昧な情報が、どこの誰だかわからないところから生まれて、人の不安をまとって大きくなりながら広がっていく。

　それで不安になる人が、玄関にイワシの頭を飾ったり、ヤモリの干物を煎じて飲んだり、スーツを黒に統一したり、お辞儀の角度を気にしてみたり……。

　その上、おばけに遭うと「良くないこと」が起きるらしい。
　足を掴まれてアザができたり、トイレで和服少女に出会うとか、寝てるときに動けなくなったり。
　就活では面接官からいろいろ突っ込まれて嫌なことを言われたり、人生に影響が出たり、辞退したら頭からコーヒーをかけられ、挙げ句の果てにはよく「お祈り」されたりするらしい。
　（よく知らない人から祈られるのは、たしかに怖い！！）

　んで、そんな噂を信じる人ほど、怖い事象に遭遇しちゃう。
　噂を信じる人のまわりでは、なぜか怪奇現象が起きやすい。ちょっとした音に敏感になって、なにもないところに気配を感じて、写真の隅っこに変な模様が見える気がする。
　集団面接でも他の人たちが優秀に見えるし、面接官から質問

されたら「疑われてるのかな！？」と思うし、「これが圧迫面接というやつ？？？」となって、逆の場合は「褒めてくれるのは、落ちたときの心象を悪くしないようにするため？」とまで疑っちゃう……。

　まるで、過去の学生たちが語り継いできた噂や伝説が、学生の想像力に火をつけて、正体不明の怪物をつくりだしているかのようです。想像や妄想によって、「就活」がどんどん「おばけ化」している。
　そして学生たちが就活おばけを怖がれば怖がるほど、噂が広まるほど、世の中の「就活おばけ」の存在感は肥大化して、さらに怖さを増していく……。

　もう完全なるストレス社会！！
　拡大するネガティブ！！
　メンタルをヘルスしなければ！！

　そんな状態になっているから、就活もおばけと同じで、「それって気のせいじゃない？」と伝えたいんです。
　学生のみなさんが思ってるほど就活は怖くないし、むしろ怖がらないほうが楽しいことが増えるし、ちゃんと結果につながって良いことだらけですよ、と。

　おばけの正体やカラクリをわかった上で、いったん冷静になって、本当に怖い存在なのか、どんな対策をすれば、おばけに遭わずに済むのかを、一緒に考えてみませんか。

怖がりすぎると、失敗しやすい

　ちゃんと考えてみると、「不安や怖い」と「しんどい、もうダメだ」は別モノです。前者は、まだ起きてないものに対する感情。後者は、現状に対する感情です。

　前者によって後者が引き起こされる可能性が高いなら、まだ起きていないことまで想像する前に、いまのうちに「不安や怖い」をなくしたほうが、「しんどい、もうダメだ」を減らせそうな気がしませんか？

　どう考えたって、世の中のみなさんがおばけを怖がっている状態は、健全とは言えません。
　おばけも就活も、怖くなる理由は「わからないことだらけ」だから。それって、とってももったいない。これだけ科学も技術も情報も発達した時代に「おばけ」を怖がっていたら、ムダに気持ちが削られていくばかり。

　科学の目で見れば、人魂はリンの燃焼だし、ラップ現象の音は、湿気や気圧の変化による木材の乾燥が原因だと言われています。金縛りだって、身体と脳の疲れ方のバランスギャップで発生することがわかっています。

　むしろ、おばけに遭遇したら、時空を超えている彼らに質問できる。それって、おもしろそうじゃないですか？
　たとえば落武者に会えたら「信長って、実際どうだったんすか？」とか「昔と比べて現代の寿司、どう思います？　ってか

霊体でも食事はできるんですか?」なんて聞きたくてワクワク
しちゃう。なのに、ぜんぜん出てきてくれない。

　就活の現場だってそうです。どんどんオカルト化して、都市
伝説が増えています。どんどん非科学になって現実から離れて
いくばかり。ワクワクする情報がほとんどない。
　そういう意味で、就活の噂は「あくまでも都市伝説だよ♪」「実
はおばけなんていないし、怖くなんてないさ」って、世の学生
たちに伝えたいんです。

　というか、そもそも!
　普通に考えたら、これだけ学生たちが「しんどい」「怖い」「イ
ヤだ」と思ってる時点で、従来の就活アドバイスは失敗しやす
い方法で、世の中に流布されてる噂を信じないほうが、むしろ
良いんじゃない?　って、疑問をもつところから始めてみませ
んか。

　失敗確率が高くて、多くの人が精神的に削られるんだとした
ら、さっさとそのやり方から抜け出して、新しい方向に向かっ
たほうがいい。失敗しやすい方法を続けてたら、そりゃ失敗す
るのは当然です。わざわざ飛び込む必要はありません。

　わからないことが、わかるようになるのは、楽しいはず。
　そんな就活への向き合い方を、お伝えしていきます。

もうひとつの
都市伝説

下がり続ける採用基準

　おばけでオカルトで、それっぽい都市伝説だらけの、いまの就活世界。

　ここまでの話を読んで、すぐに「たしかにそのとおり！！」とはならないだろうし、さすがに違和感があるかもしれません。
　いったん「そういうものだ」と思い込んでると、それ以外の情報を受け取りにくくなっちゃうものです。宗教とかも、だいたいそういうものです。

　だからこそぼくが提案したい、もうひとつの都市伝説。
　就活にまつわる噂や都市伝説を信じているなら、もうひとつ、「こんな都市伝説もあるらしいよ？」と思ってほしいのが、これです。

「採用基準、むちゃ下がってる」説。

　この20年間の採用や就活の中で、いまがいちばんハードルが低くなってる。まさに採用基準の最安値。底オブ底（しかも、まだ底割れしそうな気配……）。

もともとぼくは、前職で取引先と新卒採用の話をするときも、いまの仕事で学生と話していても、自分なりの「当落ライン」を想定しながら採用や就活にかかわってきました。

　たとえば就活に100点満点があるとして、基本的には70点を越えたら、だいたいの企業からは内定が出る、というような基準ラインのようなものです（もちろん企業によって基準は違いつつ）。

　ずっと学生を見てきたので、彼らがどこかの企業を受けたとして「たぶんこのへんまではいけるけど、内定まではちょっと難しいかな」とか、「現状ではES（書類選考）でも落ちちゃうよね」とか、「この会社なら、ぜんぜんよゆ〜で受かるでしょ」みたいな基準。

　ある時期まではそれほどズレることなく、ほぼ想定していたとおりに落ちたり受かったりしていました（もちろん企業の新卒採用の基準はそれぞれなので、百発百中ではないけれど）。

　それが、数年前から感覚にズレが出始めたんです……。

　学生たちと話をしていて「現状ではまだ厳しいかもね〜」と思っていたら、あれよあれよという間に内定をとっちゃう。「もうちょっとこのへんができたほうが……」と感じて改善のアドバイスをしようと思っていたら、いつのまにか「内定とりました〜♪」になるんです。

　一般的には「難関」と言われる広告代理店や、BIG 4なんて呼ばれる外資系コンサルからも、「あれれ……？」という間に

内定をとっちゃう。いつのまにボーナスステージに突入してたの？　と。

　さすがに自分の感覚を疑い始めて、知り合いの社会人に話を聞いてみました。
　でも、やっぱり採用の現場でも同じらしい。
　国内トップの人材系企業の採用で「筆記試験の通過レベルを２段階下げた」という話を聞いたり、外資系コンサルの面接を担当している人からは「一次、二次の面接の基準は、普通に会話ができること」なんて話も聞きました。もう衝撃的でした。

　別の切り口で興味深かったのは、社員数が数万人の物流系企業では「男女で同じ基準にすると女性だらけになるから、男子学生は基準を下げているけれど、それでも女性が８割になっちゃう」という話を聞いて、もうびっくりです。

　どうにもやっぱり、企業側の採用基準は下がってる。
　ぼくの感覚だけじゃなく、実際に企業もそうらしい。
　なのに、学生たちは「就活おばけ」に怖がってる……。

　そういう事実を重ねていくと、やっぱり世の中で有用だと思われている「史上最強の内定獲得法！」や「これをやったら内定確実！」というような、テクニック的なやり方ができなきゃいけないと思ってしまうのは、採用の現場感覚と「ズレている」と考えたほうが良さそうです。

　さらには、そのもっと前の段階で「おばけ怖い」に原因があると考えたほうが、よっぽどうまくいく可能性が高そうです。

（実際そのほうが、ぼくのまわりの学生たちは楽しく簡単にうまくいってるんですもん……）

　ここまでが、

就活が、どんどん「楽ちん」になってきてる。
その一方で、就活がどんどん「小難しく」なっている。

の「楽ちん」についての事実。

　じゃあ、なんで「楽ちん」になっているのか。ホントにそうなの？　という点や、その背景にある「小難しく」なっている理由について説明していきますね。

就活も
「基礎」からやろう

高度化・複雑化している就活

どうにもなんだか就活って、「やるべきこと」や「できなきゃいけないこと」が多すぎません？

自己分析に業界研究、新聞読んで四季報読んで、マナーを学んでOB訪問にインターンシップ。それが終わったあとのお礼メールの送り方からその文言。自己PRでは、起承転結やらPREP法やSTAR法とかいろいろあるし、企業の選び方にはSWOT分析だとか決算短信とか、果ては髪型から写真の撮り方、スーツの着こなし……。

これはすべきであれはダメ、とここに書ききれないくらいの「就活アドバイス」が、世の中に溢れています。

なんだか、いろんな分野の専門家が、いろんなアドバイスをくれる。

んで、素直でまじめな学生は、それらの情報を本やネットやどこからか仕入れては、できるようにするべく取り組もうとしちゃうんです。

ただ、普通に考えてみてください。

これが就活じゃなかったら、どう思います……？

　これから受験やスポーツや恋愛や料理を始めるときに、こんなにたくさんのアドバイスを浴びせられたら、どうでしょう？

「めんどくさいっす……」
「いきなりそんなに言われてもわからん……！！」
「もうちょっとシンプルにならないすか？」

　少なくとも、ぼくならそう思います。ってか、言います。
「とりあえず、ここは押さえとけっていう基本だけ、まずは教えてくださいな」って。

　たとえば、スポーツ未経験の人が「よ〜し！　これから野球をしてみたい！」と思ったとします。
　そこにプロ野球選手がアドバイスをくれる。
「バッティングのポイントは、視線を水平に保ちながら身体が開かないように、骨盤の回転をバットに伝えるイメージで手首をこねないようにしつつ、バットの芯で捉えながら、打球角度はバレルゾーンを意識して……」って教えてくれる。

　かと思ったら、別のプロ選手がきて「ピッチングでは、ボールの縫い目の指の掛け方で回転が変わるから、フォーシームを基本に回転軸と回転数を……」というアドバイス。
　さらには、試合に向けたメンタルやら栄養の種類や摂るべきタイミング、試合局面ごとのデータによる戦術や年俸交渉のテクニックまでも教えてくれます。
　どう考えても、「とりあえず……ぼくに、野球の基礎を教えて……ください……ませんか？」ってなりません？

この時点で、やる気はもう底を這う。

　初心者に対しては、「まずはボールを怖がらないで、ちゃんとボールを見て打とうね、捕ろうよ！　それで野球の楽しさを体験してみよう♪」くらいでいいはずです。

　各分野の専門家たちが、こぞってアドバイスをしてくれてしまったら、そりゃ「やらなきゃいけないことがそんなに多いなら、もうやりたくないっす……」と涙目で辞退するに決まってる。

　だけど学生たちは、就活からは逃げられない（と思っちゃって）たくさんの専門家たちの言葉をひとつひとつ消化・習得するべく、「逃げちゃダメだ逃げちゃダメだ逃げちゃダメだ逃げちゃダメだ逃げちゃダメだ」と思いながら、向き合うしかありません。

　どう考えたって、しんどくなるのは当たり前。自然の摂理。

　冒頭に書いた、「就活がどんどん小難しくなっている」というのは、そういう意味です。

　初めてのことを始めるときに、いきなり高度なことからやろうとしたら、「できない自分」を突きつけられるだけ。そんなのが次から次へと降ってきたら、しんどくなるに決まってます。

　そういう意味で、いまの就活における「やるべき」とか「できなきゃいけない」と言われてることのほとんどは、ぼくから見ると「**そもそもやらんでいいんだよ**」と言いたい、伝えたい。「逃げちゃダメ」なんかじゃなくて、「現段階では、まだ要らん！！」のをわかってほしい。

　そもそも企業はそこまで求めてないし、見てすらいなかったりします。

就活はもっとシンプル!

　ほとんどの学生にとって、就活は初めての経験。

　そんな就活初心者が、いきなりこんなに高度で専門的で複雑で多様で雑多なことから始めるなんて、精神的にしんどくなるのは自然なことだと思います。

　そんなムリしなくていいです。小難しいことなんてしなくていいし、それで悩んでしまうなんてもったいないったらありゃしない。だから、さっさとやめましょう。

　そもそも、**世の中の大事なことはだいたいシンプル**です。

　ピタゴラスの定理は「$a^2+b^2=c^2$」だし、難しいはずのアインシュタインの特殊相対性理論も最終的には「$E=mc^2$」だし、その基本は「加減乗除」。ガンジーの「非暴力」やケネディ大統領の「アポロ計画」も、気圧も水も温度も「高いところから低いところ」だし、ダイエットは「摂取<消費」なだけ、「殺人は良くない」「元気にあいさつ」だってそう。

　だいたいどれも、ひと言で済む話。

　気にしなければいけない要素や意識するべきポイントが増えれば増えるほど、「めんどくさい」が増えるのに、就活の専門家はどんどん増やしてくれちゃうんです。

　まあ、難しそうなことを言ったほうが、たしかに「専門家っぽい」ですよね。

　将棋で「藤井システム四間飛車が」とか、サッカーでは「5

レーン理論を活用し」とか、料理で「ガストロノミーの概念を」、音楽でも「ライトハンド奏法」と言っておいたら、たしかにそれっぽい。なんだか箔が付きそうな空気をつくれる。

　でも、難しいことを増やすだけなら誰でもできます。何かしら難しそうなことを言えば、それだけでしっかり「専門家っぽい」アドバイスができあがる（そういう意味で、就活で「メラビアンの法則」とか「will・can・must」とか「マズローが」とか言う人は、とりあえず疑ってかかりましょう）。

　本当の「プロ」なら初心者にだって、もっとわかりやすく伝えられるはず。
　イチローやダルビッシュや大谷くん、羽生名人や藤井聡太くん、孫正義や柳井正や似鳥昭雄、数学者や経済学者や音楽家の人たちが、これから始めようとしている初心者に対して、最初から高度で専門的で複雑なことを伝えるかといえば、そんなことないはずです。

　なのに、就活はそういう状態が30年も続いてる。

　根本的で本質的な「まずはここから」「ここができてから、難しいこともちょっとずつ試してみようね〜？」という部分がないまま、その前に応用編や上級編を教えてくれちゃう。
　まずは基礎からやったほうが上達しやすいし、「できるようになっていく楽しさ」を感じられるはずなのに、世の中にはそういう「就活の基礎」が書いてある本がありません。皆無、全部むずい。複雑！　高度！　やること多い！　その上、どうにも的ハズレ……！

だからこそ、ただただ「自分が消化できるところから始めよう♪」なんです。

　当たり前のことだけど、体重100kgの人と体重45kgの人では食べられる量が違います（一般的には、ね）。筋トレに使う道具の重量が違うのも当たり前。勉強でも、小学生に大学受験のテクニックを教えても消化できないし、幼稚園児にデカルトやカントやニーチェの本を勧めても理解できるわけがない。

　それくらい、「できることとやるべきこと」なんて、人それぞれで状況しだい！　のはず。
　そういう「基礎から始める大切さ」を伝えたくて、この本を書いています。

「応用」は
基礎ができてから

▌焦ってやるからカラ回る◀

　そもそも「基礎」ができてる学生がほとんどいないんですもん。
　何なら、普段はできていても、就活おばけを怖がって本来の
半分も力を出せてない学生も、むちゃくちゃ多いんです。

　「できてるフリ」をしようとするから、企業から「あ〜、また
違うやん……」って幻滅させてしまっている学生だらけ。

　就活にかぎらず、どんな分野でも基礎があってこそ応用に進
める。基礎が大事な理由はもちろん、それがあってこそ応用の
幅ができるからです。

　バットを振れない筋力の人にホームランを求めないように、
楽器の音を出せない人にソロパートを任せることができないよ
うに、加減乗除ができた先に物理学や統計学や AI 研究の幅が
生まれるように、基礎すらできてない人に、それ以上を求めたっ
て期待はずれになるだけです。
　しかも、相手は別にホームランバッターだけを求めてるわけ
じゃないし、ソロを張れる人だけを求めてるわけでもありませ
ん。企業はそんな高望みしていません。

それこそ社会も企業も、どんどん多様化しています。

　業界構造も違えば、働き方や価値観もそれぞれ違うのは当たり前。そんな応用先や応用の種類にもいろんなタイプがあるからこそ、その前の基礎が大事なんです。

　たとえば、新入社員でありながら（というか内定者でも）、新規事業の提案を求められる会社もあれば、いまだに資料のホチキスをとめる位置や上司に話しかけるときの角度と姿勢まで決められている会社もあります。

　性別関係なく評価される会社もあれば、男性しか採らなかったり出世できなかったりする会社もある。取引先との連絡をLINEでやりとりする会社もあれば、いまでもFAXを使っている会社もあります（何なら手紙が有効という会社も…）。

　それだけ（応用部分としての）会社の風土や価値観や評価項目や活躍条件がいろいろあるんだから、それぞれの会社の採用基準も違うに決まってますよね。

　それだけ細分化・多様化した会社に対して、就活の段階で細かいところまで合わせようとしたら、ズレが出るのは普通に考えて当たり前。ゲームだって、いきなり「ハードモード」から始めたら、できないことだらけでつまらない。

　あくまでも、基礎が大事。
　基礎ができてるからこそ、応用ができる。
　基礎ができないままに、応用に合わせるなんてムリな話。

　それくらいに思っちゃって、大丈夫です。
　なのに就活の世界では、いろんな分野で専門家を名乗る人が、

どんどん応用編や上級編を教えてくれるから、情報に埋もれて「基礎」が見えなくなっていく。

世の中にはいろんな就活アドバイスが溢れているけれど、これだけはわかっておいてください。

就活の世界では、社会人というだけで、学生よりも上の立場で振る舞えるし、誰でもアドバイスができちゃう。

なんでもそうだけれど、細分化して多様化していくほど本質から離れていくものです。

「音楽」という大枠について話すよりも、洋楽やJ-POPのようなジャンルについて話すほうが細かくなる。洋楽の中でもロックやジャズになるとさらに細分化するし、そこから楽器になると、また話は違います。

細かくなるほど定義が増えて、必要な知識が増えていく。同じように「就活」をいろんな項目や視点ごとに細分化していったら、難しくなっていくのは当然です。

だから、世の中に溢れる就活アドバイスに右往左往しなくていいです。しないでください。

「やらなきゃいけないのに、できてない自分は……」なんて毎日考えて、それで削られて疲れていくなんて、就活の本質じゃないどころか新興宗教みたいなもの。そんなことを素直に忠実に信じてしまわないほうがいい。

就活アドバイスをしてくれる大人は、それぞれが自分が知ってる立場から、それっぽいことを言ってるだけ。というか、いったんそう捉えてみたほうが、少しは就活おばけの怖さが減る気がしませんか？

第 2 章

企業のホンネ!
おばけ屋敷の
舞台ウラ

誰かに「認められたい」と思ったとき。
虚勢を張ったり自慢をしたり、「自分はこうだ!」と
投げつけたとしても、
それって思いどおりにはなりにくいものです。
相手の状況や考えていること、何を大事にしているのか。
そんなことを想像しながら、ちゃんと相手が求めているものに
応えると、実は思ってた以上に簡単だったり!?

企業だって、悩んでる

新卒採用、ほとんど「成功」していない

　多くの学生たちが就活おばけを怖がって、本心じゃない言葉を発して迷走してる、そんないまの就活だからこそ、知っておいてほしいことがあります。

　それは、「ちょいと逆の立場で考えてみませんか？」と。
どういうことかというと、

企業も企業で、悩んでいるんやで……ということ。

　学生は学生で悩んで迷っているけれど、実は企業の人たちだって同じだよ、と知っておいてほしいんです。知ってあげてほしいんです。

　んで、そこに目を向けてあげられる人のほうが、ずっと社会人に近づけるはずです。
　相手の状況に目を向けて、相手が考えてることを想像して、それに対応できる人。これって、社会人でも「できる人」の基本です。
　そもそも世の中の企業で、本当にほしい人材をちゃんと採れ

てる会社なんて、まず存在しません。

　企業の人たちからすれば、不都合な真実……！！

　学生のみなさんの立場から見れば、いろんな情報を仕入れて、いろんな人たちからのアドバイスを聞いてたら、あたかも「企業の人たちは全部わかってる」とか「あの人たちはなんでも見抜けるらしい」、さらには「本当に優秀な人だけに内定を出すんだろう……」なんて幻想に囚われちゃう。「人事は人を見るプロ」なんて言う人もいます。

　けれど、そんなことはありません。あるわけがない。

　もし彼らにそんな能力があって、学生を見抜けるとしたら、企業の採用活動はもっとうまくいってるはずです。

　もしそれができるなら、企業の人たちだってネットを漁って、ビジネス書を読んで、セミナーに参加したり、他の方法を探したりするなんて、学生のみなさんと同じように動くはずがありません。

　こんなに情報や技術が進んでいる時代なのに、新卒採用の最前線ですら、まだまだそんな方法は確立していない。

　そういう企業の人たちの現実は、普通に事実とデータで考えてみればわかります。

　ひとつは、毎年４月頃に発表される「大卒求人倍率」。

　これは「新卒の求人総数を、民間就職希望の学生数で割った数（≒雑に言えば、学生１人当たりの求人件数）」ですが、この調査が始まって約40年で１倍を切ったのは、たったの１年だけ（ちなみにぼくが就活していた年です）。

過去の倍率を平均してみると、この10年間で1.61倍、リーマンショックの時期を含めた過去20年でもほぼ同じ1.6倍、バブル崩壊後まで含めた過去40年弱で1.52倍です。

　つまり、この40年近くの間ずっと、**企業の求人の3分の1は充足していない**ということです。

　もちろん、「そうは言うけど大手企業にかぎれば……」とか「学生たちだって、希望どおりの会社にいけるわけじゃなくて……」という人もいると思います。そこで次の視点があります。

採用のウラ側で苦悩する人事たち

　もしかしたら聞いたことがあるかもしれないけれど、人事や採用の分野では「753現象」と「2：6：2の法則」という言葉があります。

　「753現象」というのは、簡単にいえば「就職してから3年後の離職率が、中卒7割・高卒5割・大卒3割ですね」という調査データです。この数字は、零細企業と大手企業でも5％も変わらないくらいに一般的な数字。

　んで、「2：6：2の法則」は、ある集団があれば「優秀2割・そこそこ6割・下位2割」になるよね、という話です（こっちについては諸説あって、細かい話をすると長くなっちゃうので、人事の経験則や社会人の感覚値としては実際そうだよ、くらいで理解してください。何なら社員の100％が活躍してるわけじゃないよね、というだけの話です）。

　このふたつを当てはめてみると、「企業が苦労して採用した

新入社員のうち、3年で3割が辞めて、残ったうちの2割しか活躍していない」ということです。

　100人採用したとして3年後に活躍しているのは、たったの14人。「そこそこの6割」まで含めても56人。
「活躍する人を採用できた率」が14%……？？？

　なにが「人を見るプロ」やね～ん！　って思いません？

　別に日々真剣に採用や学生に向き合う人たちを、貶したいわけじゃありません。

　就活や企業の人たちを怖がっちゃう学生たちに、「日々、真剣に採用や学生に向き合っている人たち」ですら、それくらいの精度だよ？　ということを知ってほしいんです。

　面接官や人事や社長だって、ゆ～ても日々悩んでいるのはわかりつつ、悪い言い方をすると毎年の新卒採用の半分は、失敗してるんです。内定者数までを母数に含めたら、半分以上になるはずです。

　何なら人事に聞いてみちゃいましょう。「入社後3年で、ちゃんと活躍しているのは何割くらい？」って。

　それが3割以上なら、かなり「人を見る目」がある会社なのかもしれません。（とはいえもちろん「じゃあ、残りの7割の方々は……？」も併せて聞いてみよう♪）

　学生も頑張ってるけど、企業だって頑張ってる。それなのにお互いずっとすれ違ったまま……。なんだか昭和のドラマか韓流ドラマを見ているみたい。

企業や人事の人たちが採用活動をする上で、彼らは学生のみなさんが想像している20倍くらい、本気で考えています。

「活躍する人ってどんな人だろう？」
「それを見極めるにはどんな基準が必要なのか？」
「それを各面接官で統一するにはどうすれば？」
「どんなプロセスを組めば、ピックアップできるかな？」
「そのためには何を質問すれば……？」
「入社後にどんな接し方をするのがベストだろう？」

　ってなことを、むちゃくちゃ考えているんです。
　毎年、毎月、毎日いつでも考えてる。
　過去の統計やビッグデータや心理学や行動経済学やマーケティングや近年のトレンドや、若い人たちの思考や感情の傾向、何ならAIまでも導入して「活躍する人をちゃんと選ぶ方法」を考え続けています。

　それだけ考えても、多くの会社が「14％」……。
　逆説的に言えば、活躍するかどうかもわからない86％の学生だって、その網をくぐって入社している現状ってどういうことなんだろう……。まあ、それくらい「採用基準」なんて不確定＆不正確＆低打率です。（なんだか企業側の人たちに怒られそうだけど、ゆ〜ても事実、ですよね……？）

　　・企業の求人の3分の1は充足していない。
　　・選びに選んだ人の入社3年後の活躍率は14％。

　こうやって数字で見てみると、本当に企業の人たちも苦労や

徒労や不安だらけなんだな、とむしろ少しかわいそうな気持ちにすらなってきませんか？　就活も思っていたほどのハードルでもなさそうな気がしてきませんか？

　だからこそ、むしろ彼らをねぎらってあげるくらいの余裕をもちつつ、自分の姿を見せることで彼らを元気してあげるくらいのスタンスのほうが、お互いにとって良い結果が生まれるはずです。

「求める人材」は 企業の願望

「おもろい学生」であればいい

　一般的に、就活で大事なのはリーダーシップだとか、協調性だとか、コミュニケーションスキルだ、主体性だ、いやいやストレス耐性だ、視座の高さだ、業界理解に会社理解だ、それならロジカルシンキングもそうだし、英語や資格や留学だって、何ならそもそも学歴が、いやいやなんたらかんたら、こっちがどうだ、うんぬんかんぬん……とか。

　いろいろ言われているけれど、結局、企業は何を求めているんだろう？　本当のところでは何を基準にして学生を判断しているんだろう？

　そんなことを考えて、学生は悩んじゃう……。

　もうね。さっさと言います。むちゃくちゃシンプル。

　企業が求めてるのは「おもろい学生」です。

　なんだかんだで、これだけでいいです、とりあえず。

　企業の採用ページや説明会では、いろんな難しそうな言葉で表現しているけれど、結局それが本質。これ一択。もう、ファイナルアンサーです。

企業によって多少の差はあるけれど、いまの就活の状況を考えれば、シンプルにそれだけだと考えて大丈夫です。

　武道における「礼に始まり礼に終わる」と同じように、釣りにおける「フナに始まりフナに終わる」やロック界での「ビートルズに始まりビートルズに終わる」と言われるように（これはぼくがいま考えた）就活の本質は「おもろい」にある。

　別に「おもろい」といっても、「笑いをとれる」という意味ではありません。

　とっても感覚的で曖昧に感じるかもしれないけれど、**相手が「おもろい」と思ったら「おもろい」んです。**

　あえて難しく書くと、対話をしながら相手の興味をひけて、期待を生み出せる人。逆に言えば、相手の興味を想像して、自分の言動で相手を刺激して、お互いにとって良い状態をつくれる人。それだけで「おもろい」は、つくれる♪

　だってですね。
　自分が人事だとして、どっちの学生を選びます？

　1人はすごい学歴で、学生時代に成果を出したとアピールしつつ、本人が言うにはスキルや能力があるらしい。マナーや言葉遣いもちゃんとできてる人がいるとします。ただ、どうも会話が盛り上がらない。というか、会話が成り立たない。

　それと比べてもう1人。学歴も成果もスキルもよくわからないけれど、ただ普通に話してるだけで楽しい気分になれる人、何かを生み出してくれそうな期待をしちゃう人。嫌みにならずに「こうしたほうが良さそうじゃないす？」って楽しそうに提

案してくる。
「一緒に働きたい」と思うのはどっちだろう。

　就活おばけに化かされると、しっかりマジメにそつなくこなして、すごい人だと思わせなくちゃいけないと思い込んじゃう。そして「おもろい」が削られていきます。
　就活おばけを怖がると、どんどんおもろくなっていく。

「求める人材」の意味

　就活は「おもろい学生」になればいい。
　企業の人たちに「おもろい」と思わせればいいだけです。

　でも、学生のみなさんはまだ疑問が拭えないと思います。
「採用サイトでも説明会でも、企業は"こんな人を求めています！"って言ってるじゃん！」って。
　たしかに企業が発信する情報をみていると、そこには「求める人材」や「求める能力や考え方」がいろいろ書いてあります。それはそれは小難しい表現で。

　でもです。身もフタもない言い方をしてしまえば、企業も「よくわからん……！！」なんです。
　彼らだって、どんな人が活躍するのかの細かな指標も相関もわからんし、その計測・評価の仕方も、よくわかんない。

　もしそれが明確にあるのなら、新卒採用で辞める社員が出るわけないどころか、社内評価でさえ人によって評価が分かれるわけがないし、社員教育・研修はズバズバ当たって誰もが活躍

しつつ成長して成果を残せるはずです。

　でも、現実はそうなっていません……。

　どんな人が活躍するかの指標（≒採用基準）を５つや６つ、何なら 10 個くらいを設定してすら、３年後に活躍するのは２割もいない。そもそも指標を設定しても、人によって判断の仕方はぜんぜん変わる。だからこそ、企業も仮説や実験や検証や研究を繰り返してる。

　だからといって、さすがに企業の人たちも学生に対して「ぼくらもよくわからないもん……！」なんて言えません。

　だから、それなりにぼんやり「こんな能力があったらうれしいなぁ」くらいのことを、表向きに小難しく書くしかない。言うなれば、中学生が描く「私の理想の結婚相手！」の条件と同じ。後々の実際の相手が、すべての条件が一致しないところまで含めても、そんなもんです。

　とはいっても、素直に「おもろい人」なんて書いてしまうと、ただでさえカン違いする学生が多い中で、「その際の採用基準とは！？」「どのへんがおもろくなかったんスか！？」「ちゃんと説明してください！」とか言われちゃう。

　なにより、そんな採用基準を掲げている企業なんて、それこそ「バカみたい」ですよね？（そんなバカみたいなところを、ちゃんと背景を含めて翻訳・説明するのが、ぼくの役割）

　日常の男女関係とかでもありうる話です。
「おれの何が悪かったの？」「言ってくれれば直すから！」「どうすればもう一度……！？」と言われたら、細かく説明してい

るうちに泥沼化……。小難しく採用基準を書いておけば、そうはなりにくい。

　選ぶ側の立場になると、似たようなことありません?
　日常で何かを買ったり、誰かと会ったり、何かを選ぶときに、ネットやテレビCMを見て「なんかピンときた」とか、「この人は、なんか雰囲気や相性が心地良い」とか、「良さそうな気がしたから」という自然な感情で選んで、結果的に満足することは、いくらでもあるはずです。

　一方で、細かく指標をつくって数値化して厳密に比較評価をした上で判断する?　それを調べて、考えて考えて考え尽くして選んだからといって、100%で満足する正解に辿りつけるのかな……といえば、必ずしもそんなことないと思うんです。

　お笑いのM-1やキングオブコントを見て、「これはツカミの意外さの上に、構成が従来の80%とは違う形式で、間のとり方もコンマ1秒しかズレてないから、良い!!」なんてことを考えたりしないと思うんです。

　むしろ逆に、そんな指標や数値が明確に提示されていたとしたら、みんながそれを追いかけて「おもろい」が生まれるどころか、何なら殺伐としながら平均化しちゃいそう。

　それこそ、世界的に活躍しているこんまりさんは「ときめき」と言うし、採用活動でも社員登用でも先進的なサイバーエージェントは、採用基準を「素直でいいやつ」と言っています（潔い!!）。

どこまで細かく分析したって、そういう感覚的な側面も多分にあるんです、採用って。

　採用や就活どころか人間関係そのものが、ただただシンプル。「おもろい」だけで、むちゃくちゃ強い武器。
「おもろい」には、細かい説明や条件や論理的整合性や、何なら知性や知識や学歴やマナーまでをも飛び越える大きなメリットがある。「おもろい」かどうかは、学生が想像している以上にむっちゃ強いです。
　なのに、ほとんどの学生が就活おばけにやられてしまって、それを活かしきれてないように見えます。こんなオカルト噂話で疲弊するなんて、もったいない。

　数ページ前を思い出してください。
　ゆ～ても「<u>新卒採用の３年後の活躍率は14%</u>」です。

　たかだか新卒採用。学生レベルのリーダーシップやロジック、協調性や忍耐力……。その話は聞いていておもろいのかな。
　そもそも新入社員がリーダーになる仕事ってなんだろう？
本来ロジックって人を納得させて動かすもの。それで人の心を動かせているかな。協調性だって「合わせる」だけなら誰でもできちゃう。

　まずは目の前の人に「おもろい」と思わせよう。できれば学生同士だけじゃなくて、社会人にも思わせられたらいいですよね。だから就活ではそれを見せてよ、という話です。
　そうやって、シンプルに企業が求めているのは「おもろい」かどうか。おもろい学生は、企業からも評価をされます。

「1軍候補」
じゃなくて大丈夫

▌現状よりも「変化の期待」◀

　たぶん立場的に、世の中の人事は公(おおやけ)に言えないと思うんですが、ぼくはどことも利害関係がないので言いますね。

　あえて乱暴な言い方をすると、

企業は消去法で採用しています。

　もちろんすべての会社を知っているわけじゃないけれど、新卒採用をしている会社で「良い学生が来すぎて、どう選んでいいんだろう……!?　全員に入社してほしいけれど、人員計画や経費の問題もあるから、内定を出す人数を絞らなきゃ……!!」なんて会社は、ありません。（断言！）

　ほとんどの会社が「もっと良い人が来てくれたら……」って思ってます。

　100%思いどおりの想定どおり、なんて会社があるはずない。そういう意味で、企業の新卒採用のほとんどは「消去法」で選んでる（と、あえて言っちゃいます）。

　たとえば企業の採用枠に「1軍枠」と「2軍3軍枠」があっ

たとしましょう。

　学生は「即1軍レベルじゃなくちゃ内定がとれないから、そういう人間に見せなくちゃ……！！」と考えちゃう。

　でも企業側からすれば、実際には「今年の1軍枠はどれくらい来てくれるかなぁ。2割は目指したいけど、3割までいけたらむちゃうれしいなぁ……！！」くらいの感覚。

「よっしゃ！　今年は全員、即1軍が採れたぞう！」なんて会社（≒3年後にちゃんと全員が活躍している会社）があったら、知りたいくらいです。

　つまり企業の採用って、多くの場合は「優秀な人の中から誰を選ぶか？」じゃなくて、「エントリー学生の中で、どこで線を引く（内定を出す）か」と考えている企業のほうが多いんです。だって、多くの人事にとっては、目の前の目標は採用人数ですもん。

　とはいえ「入社してくれるからには、全員に活躍してほしい」と思っているし、みなさんが活躍できるようにサポートや制度を考えているはずです。もちろん「2軍3軍はどうでもいい」なんてことは、まったく思っていません（当然、会社によります）。

　企業は企業で、即戦力なんかであるわけがない学生たちを見ながら「将来的にはこうなってくれるかもしれない。こうなってほしいな〜」と期待に胸を膨らませながら、選考しています。

　どんな企業にとっても、新卒採用は「スキルや経験は、これから身につけていこうね。それをどうにかするのがぼくらの仕事だからね♪」が大前提。

入社後すぐに「思ったとおり、○億円の事業価値を生み出してくれた！」なんて起きるはずがない。そんなの宝くじレベルだし、そんな学生がいたら「なんたる僥倖ッ！」です。

企業がほしいのは「育て甲斐のある人」です。

３年後か５年後、何なら入社数か月後ですら、どうなるかなんてわからない。わかるわけがありません。

だからこそ、現段階の状態よりも、一緒に働きたいなと思える人かどうか。教えられることは教えるから、自分で考えてアイデアや提案をしてくるような人がほしい。そんな人と働くほうが、彼らにとってもおもろいに決まってます。

初めから「でき上がってる人」よりも、そこからの変化を見るのが楽しいんです。それは、植物の栽培やゲームでも、育児や教育でも同じこと。「変わっていく」ことの魅力たるや。そこにかかわれる喜びといったら……！！

企業にしてみれば学生はせいぜい３部リーグ。そこでの得点王を誇って満足して自慢しちゃう人だったら、むしろこれからが不安になります。言葉には出さないながら、「世界はキミが思っているよりも、もっと広いんやで……」とそっと肩に手を置いてあげたくなる。

でも言わない……。言えないんです。言ったらそういう人は、余計に機嫌が悪くなっちゃうから。

企業の人たちは、別に「現時点での学生の実績や能力」で評価なんてしません。

あくまでも「ここからどうなっていくかな？」、「こうなって
くれるかも？」という部分を想像しながら、そこに期待をして
採用したい、一緒に働きたいと思うんです。繰り返しになるけ
れど、現段階の学生レベルの状態で活躍するなんて思ってない
し、そんなわけがないんです。

企業が期待しているのは、変化率です。

「これからどうなっていくのかな？　こうなってほしいな、
なってくれそうだな」という、変化への期待。
　ずっと書いてるように、就活はぜんぜん「狭き門」ではあり
ません。優秀な人たちが、しのぎを削って枠を争う！！　みた
いな状況でもありません。
　そんな中で「おれ、こんなことできちゃいます！」アピール
をする人と、「まだまだですし、もっとできるようになりたい
んす！」の人、どっちに期待したくなる？

　企業の人たちは、その場だけの嘘くさい「できてますッ！！」
よりも、そこからどう育っていくのか、成長していくのかに期
待するんです。「育ってほしいな」と今後の姿を想像して企業
は採用するんです。

　なのに、現状では企業と学生の間にギャップが生まれている。
そこにはどんな仕組みや原因があるのか。それをここから明ら
かにしていきましょう。

「就活おばけ」
黒幕の正体……

いったんここまでの話を整理しますね。

就活が「おばけ化」している。就活はどんどん「楽ちん」になりつつ、その一方で、どんどん「小難しく」なり、学生はより怖がり、より悩み、不安になっている……。
それに比例して、なぜか企業の悩みも増えている。

って、ちょっと疑問が浮かびませんか?

多くの学生は「なんでこんな就活を……」とか「就活イヤだな」と思ってる。それで「いまの新卒採用はおかしい!」とか「こんなことをしてまで働きたくない」と、新卒採用のあり方に疑問や恨みをもって、企業に対しても不信感や怖さを抱いたりする。

一方の企業は企業で「採用は難しいし、うまくいかないや〜ん……」と思っているし、「学生たちの本当の姿が見えないし、もっと工夫しなくっちゃ」って、悩んで考えて努力をしてる。その努力や費やした時間や労力は、もしかしたら学生たち以上

かもしれません。なのに結果は「14％」……。

　なんだかおかしくないですか？

　そもそも、なんでそんな状態になってるの？　学生も企業も懸命に頑張って、お互いのことを考えているのに、この現状はどういうこと……？

　これだけ就活の情報や技術が増えて、いろんなアドバイスが溢れている中で、年を追うごとに「就活が怖い」という学生が増えていく。それと比例するように、企業の採用での悩みも増えていくわけです。

　まさに、就活おばけによる疑問、不可解、ミステリー。

　この20年間、ぼくも採用や就活にかかわってきて、最近やっと気づいたんです。気づきました。

　むしろ20年もやってきたから、就活おばけの存在にも正体にも気づかなかったのかもしれません（反省を込めて……）。

　どういうことかというと、それこそミステリー小説や犯罪ドラマの謎を解くのと同じように、いったん「登場人物の整理」をしながら考えてみましょう。

　さて……。

　採用や就活にかかわる登場人物は、大きく2人。

　当然それは、新卒採用をする企業の「社会人」と、就職活動をする「学生」です。ここまでなら、コナンくんや金田一くんの出番はなさそうです。

社会人が学生に対して、ESや面接や筆記試験で質問を投げかけて、学生たちは上手に対応するために、さまざまな対策や情報やテクニックや論理的思考や発想を駆使して臨む。

　これだけなら、まあまあ真っ当な関係です。

　つまりは、求める人と応じる人。

「より良い社員を求める企業と、そこから評価を得るために応じる学生」という企業優位の関係だけではありません。

　お互いに対等な関係として「自分にとってより良い環境を求める学生と、彼らの特性を発揮できる環境提示に応じる企業」でもあります。

　採用や就活って、この二者の関係によって成立するもの。

　本来は、その二者の関係こそが採用であり、就活の本質のはずです。

　だから学生は「企業がそれを求めるんだもん！」と言うし、一方の企業は「もっとこんな学生がいたら……」と言う。傍（はた）から見れば、両者の言い分はもっともです。その気持ちはよくわかる。

　ホントはその両者だけで、成立するはずです。

　でも、その両者の関係は、どうにもうまく合致しない。それどころか、年々どうにもズレは拡大するばかり。

　そうです。そこがミステリー。不可解なポイントを解くカギが、ここにある……！！　賢明な読者のみなさんは、もう気づいたことでありましょう。

そうです……。

本来、企業の採用活動も！　学生の就活も！

その主役であるところの企業と学生がただただお互いに向き合って、それぞれの思惑や期待、思考や指向や嗜好を理解し合いながらすり合わせていけば、より単純な話になり、より簡易かつ効率的に解決するはずの問題なのです！！

でありながら、現代の就活においては、その裏で糸を引き、両者を惑わせることで利益を得んとする「第三者」が存在している……！！　ということにお気づきだろうか。

どれだけの人がその存在に気づいているのか。

その第三者の存在こそが、就活おばけの幻想を生み出す元凶であり、彼らは矢面に立つことなく学生や企業をいたずらに刺激し、扇動することで、両者の不安を増長させながらにしてうんぬんかんぬん……なのです！！

……茶番はやめましょう（ふたつの意味で）。

就活おばけを生み出している第三者の存在。

それが「就活商人」です。

企業と学生を
惑わせる「第三者」

不安を煽る就活商人

巧妙かつ地道に仕組まれてきたシステム……。

それを生み出した彼ら「就活商人」こそが、就活おばけの負のキーパーソン（くれぐれも「就活の」キーパーソンではありません）。

90年代前半に『面接の達人』と『絶対内定』という本が出版され、それが売れたことで、いろんな人たちが就活というマーケットを「発見」しました。まさに就活界のコロンブス。

それによって、就活ってお金になるんだ！　と気づいた人たちによって就活ビジネスが生まれ、30年にわたってあらゆる分野の「専門家」のアドバイスが蓄積されてきました。彼らからすると、学生が怖がれば怖がるほど、不安になればなるほど、お金を使ってくれる。

就活塾やマナー講座、文章添削。スーツ屋さんに写真屋さん、髪型屋さんや新聞屋さん、SNSのインフルエンサーや自称コンサルタントや人気企業の複数内定者……。

学生が就活で凹んでしまったり、しんどくなってしまうのは、

必ずしも学生たちの能力が低かったり、努力が足りなかったり、勉強不足に原因があるとは限りません。そこには「おばけを怖がらせることで得する人たち」がいる。

　企業の人たちが、「もっと学生の素の状態を見たいのに、ぜんぜん見えない、見せてくれない」と悩んだり、「面接ではあんなに元気だったのに、入社したらなんか違う……？」と思っちゃうのも、就活おばけの怖さを広めることで得する人たちがいるからです。
　おばけも新興宗教もオカルトにも共通点があります。それは**「不安」を上手に煽ることで、得する人がいる**ということ。

　就活の場で、それをしているのが「就活商人」。

「お辞儀の角度はこれくらい！　新聞や四季報を読んで企業分析、社会の理解を！　スーツは大事、髪型大事、証明写真はこう！　ガクチカ（※学生時代に力を入れたことの略）のポイントは！　就活の軸とは！　PREP、STAR に起承転結ッ！！留学、ボランティア、リーダー経験！　これができるようになりましょう！　これができなきゃ、就活はうまくいきません！！！」

　彼らは、学生の不安を煽ることで得をする。
　不安を煽れば煽るほど、就活おばけの幻想は膨れ上がり、いろんな分野で「より高度な方法・テクニック」を求める学生が増えていく。

　でも、いったん冷静に考えてみましょう。

それを言ってる人のうち、リアルに企業の採用の現場や実情を知ってる人はどれくらい？

　みなさんは知らないかもしれないけれど、昭和のテレビ番組では霊媒師や超能力者、UFO や UMA、ノストラダムスやサイババなど、オカルト界のスターがたくさんいました。
　彼らのすごさは「現実的には考えられないけれど、そんな世界・現象もあるんだ！！？」と思わせる説得力やイメージを操るテクニックにありました。
　そうやって「多くの人がもっている不安や疑問を刺激して、非日常のドキドキ感を演出するプロ」だったわけです。

　そんな彼らも、世の中の科学的な情報や IT の発達による分析、現実的な判断やコンプライアンスといった変化の中で、徐々に消えていってしまいました。

　そうなったのは、科学的に、事実を踏まえて、虚構を検証して、仕組みが明らかになってきた結果です。
　エンタメの世界であれば、そういうオカルトがなくなってしまうのは少し残念な気もするけれど、人生にかかわる「就活の世界」では、そんなオカルトはさっさとなくなったほうが良い気がしませんか？

　おもしろくもない、エンタメですらない就活のオカルト化から、さっさと抜け出しましょう。学生のみなさんが思い込めば思い込むほど、彼らは不安を増長させて、就活おばけを強化していきます。
　さっさと茶番を終わらせましょう。

┃「トップ内定」ってなんだ?

　就活商人の人たちは、なぜか「トップ内定」という言葉を好んで使います。

　学生がそういう言葉を信じていたり、そこを目指そうとし始めたなら、彼らのマーケティング戦略は的確に学生に響いていると言えます。
　でもね、一度よく考えてみません?

「トップ内定」なんて、就活のロングセラー本の『絶対内定』の時代（30 年近く前）から言われているけれど、そもそもどういう意味なんだろう。
　学生に明確な序列をつけて「この学生がトップ!」なんて言ってる会社なんてあるのかな。時期的に早いか遅いかで「トップ」が決まるわけでもない。たかだか「14％」の精度で、しかも内定段階でのトップに価値はある?

　もし、そういう「トップ内定」という概念が企業側にもあったとして、そもそも企業が学生にわざわざ伝えたりするのかな。「キミは今年のトップ内定だ!」って。
　ちょっと想像できません。なのに就活商人は、それを看板にして売り込みをかけてくる。

　ほかにも「一流企業」「Ｆラんでも」「確実に内定を」「○○しなさい」とかなんとか。
「一流企業」の基準も人それぞれ。利益なのかシェアなのか、

知名度や規模なのか。働きやすさや持続性や成長性はどうなんだろう。「Fランでも」って、そもそもお勉強の出来が社会の評価軸じゃない。「○○しなさい」なんて言うから学生は畏縮_{いしゅく}しちゃう。

　なによりも、その「トップ内定」とやらの学生は、入社後にどんな活躍をして、どんな人生を歩んでいるんだろう。逆に「トップ内定」じゃない残りの人たちは燻_{くすぶ}ってる人だらけなのかな。

　就活では「これができれば一流企業に！！」って怖がらせれば怖がらせるほど、学生は余計にうまくいかずに怖がってくれる。そこにつけこんで、アドバイスをすることで儲かる（もしくはマウントをとれる）人たちが、その状況を噂で広げていっているように見えます。
　それで「新卒一括採用の弊害」とか「企業の論理の就活」なんて、ぜんぶ企業の責任みたいに言われているのは、ちょっと企業がかわいそう。彼らも努力してるのに……。

　だからそんな術中にハマらないでほしいんです。
　そんなの就活商人の思うがまま。
　巻き込まれてしんどくなるのって、イヤじゃない？

　とはいえ念のため、就活のアドバイスをする人すべてが就活商人なわけではありません。それはもちろん当たり前。
　簡単に言ってしまうと、就活商人を見分けるポイントはたったの3点です。

　ひとつは「学生からお金をとってる」こと。

就活なんて、情報の非対称性ビジネスの象徴です。本当に価値あるアドバイスができる人なら、企業や教育機関や行政ともちゃんとビジネスできるはず。なにも知らない学生からしかお金を得られない人には、ちょっと気をつけましょう。

　もうひとつが「学生の"その後"を知らない」こと。
　そもそも就活は、社会人として望む生き方をする手段です。内定実績を看板にして、彼らの"その後"をまったく知らないなんて本末転倒。学生を食いモノにしてるだけ……。
　確認するには「過去の印象的な学生っていました？　その人はいまどうしてますか？」って聞いてみてください。10人くらいはスラスラ答えてほしいところです。

　最後のひとつはもちろん「採用の現場を知らない」です。
　これはもちろん普通のことで、現場をちゃんとわかってないと、表面的なテクニックに溺れちゃう。ひとつの業界だけじゃなく、できれば複数（少なくとも10社以上）を知ってるほうがいいですよね。
　そういう意味で、「有名企業から内定とったよ！」の大学の先輩の場合でも「ゆ～てもまだ働いてるわけじゃないしな～」くらいの感覚にしときましょう。彼ら自身も、内定が出た理由をわかってないですもん。

　単純に究極的には「話してて元気になれる」かどうかです。話してて楽しく元気にわくわくできれば、それでいい。
　就活って、誰に相談して、誰のアドバイスを受け入れるかで、大きく変わります。就活商人の言説に惑わされることなく、しっかり企業と向き合いましょう。

企業と
同じ山に登ろう

▌「目指す山」しだいで視界が変わる◀

冒頭に書いた言葉、
就活が、どんどん楽ちんになってきてる。
その一方で、就活がどんどん小難しくなっている。
意味がわかってもらえたでしょうか。

　就活が「小難しく」なってきたことで、本質とは関係ないところで「できてるフリ」をする学生たちが増えてきた。
　一方では「できてない自分……」に悩んじゃう学生だらけになったこともあって、企業は学生の評価が難しくなったので、そんなところで闘わないようにするだけで、就活が「楽ちん」になるよ。と、そういうことです。

　そんな視点で見てみると、企業と学生は「違う山」を目指してる。
　企業が求めているのは「社会人山」を一緒に登れる人。
　一方、学生たちが目指しているのは「就活山」。

　企業の人たちは、「これくらいの山を一緒に登れるようになる人がいたら、うれしいな〜」くらいに思っているのに、学生

たちはどうにもぜんぜん違う就活山に向かって、社会人からすれば使うこともない装備や、よくわからない技術を使おうとしてる（そして苦労して失敗して、疲れていくんです……）。

「就活山」は、どうにもいろんな準備や対策やテクニックが求められるらしい。しかも険（けわ）しいらしい。さらによくよく見てみると、それは就活商人がつくりあげた幻想の山かもしれない。
　一方で「社会人山」は、本当に基礎的な部分さえできていれば大丈夫。3合目くらいまでなら、よゆ〜で登れちゃうくらいの山。何なら企業の人たちは、「ここまで登れるくらいの基礎ができてるなら、ちょっとくらい難しい局面があったら、いつでも教えてあげるからね」くらいに思ってます。

　それこそ、社会人は「社会で使える基礎」をどれだけもってるかを見てるだけ。そんな「高度で難しいことができるフリ」をする人よりも、ただただ基礎的な部分がある人を採るほうが、新卒で採用をする意味があります。そもそも能力や実績で選びたいなら、普通に中途採用を選びます。

　そうやって、両者で目指してる山頂が違うから、幸せな出会いが生まれない……。
　そしてもちろん「就活山」を登るためのアドバイスをする人たちは世の中にたくさんいて、学生たちはそれを信じて、難しい就活山の登山法を「できるようになるべき！！」って、頑張っちゃうんです。

　そりゃしんどくなるのは当たり前。本末転倒。なんのためにやってるんだろう……。

企業の人たちの感情をあえて代弁すると「そんなの、いらんわ！！」です。

　そんな就活山（どころかマナー山や新聞山やスーツ山や資格山）の登山がどんなに上手でも、「うちらがほしいのは、社会人山を一緒に登れる学生なんよ！」です。

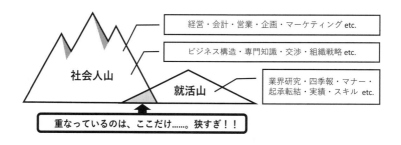

　学生のみなさんは、「偏差値が高い大学で、やりたいことが明確で、すごい資格をもっていて、スキルや能力が高い人が内定をとるんだろうな」と思うかもしれないけれど、そんなことはありません。

　企業からみたらそんな「就活山の登頂者！」らしき人ですら、「怪しいな〜、どうだろな〜、怖いな怖いな〜、活躍してくれたらいいな〜」と思いつつ内定を出して、3年後にはその8割以上は「ぐは……まちがえた……」になるんです。

　それくらい企業も悩んでます。困ってます。

　年間で何百万、何千万というお金を使って、会えども会えど

も「就活山」の学生だらけ。その上、3年後に活躍するのは14％。それを毎年繰り返してる……。彼らも彼らで、かわいそうな気がしてきませんか？

　もう一度、書いておきますね。

正体不明なものの噂を聞いて、
それに出遭う前から怖がる人ほど、
実際に怖い経験をしがち。

「就活おばけ」は、幻想です。おばけは、人の心の隙間に入り込んできます。そして、日常をおもろがってる「おもろい人」には、おばけは寄ってこない。
「おもろい学生」が減ってるからこそ、さっさと「小難しい就活」から抜け出して、「楽ちん」になっている就活を走り抜けちゃってください。

　就活商人が生み出した就活山を目指すんじゃなく、本当に悩んでいる企業の人たちと同じ山を登るだけ。
　その準備をする、そこを目指していることを伝えることができるだけで、就活おばけはいなくなるし、企業の人たちだって「おお……。やっと仲間が見つかった……！！」になるはずです。

日常に転がる
就活のヒント

社会人基礎力チェック

　ここまで、就活おばけの仕組みやカラクリ、その正体や煽る人たちの話をしてきました。

　そうは言っても、学生のみなさんも気になると思います。
「じゃあ、就活は何から始めればいいの？」
「どうしたら、おもろい学生になれるの？」
「そもそも、そんな人になれる自信がない……」
「ってか、さっさと就活に役立つテクニックを教えてよ！」

　わかる、わかる、わかります。
　そこを知りたいから、この本を手にとってくれていることも、それを伝えることがぼくの役割であるということも自分でもわかっています。なにより、ここまで長々と書いてきてしまってることを……！！

　どうしても、まず現状の整理をしておきたかったんです。
　就活おばけに怖がったまま、就活商人に振り回されたままじゃなく、企業の本音や実情をわかったほうが、理解してもらいやすいと思っちゃったんです、ごめんなさい。

就活を進める上でやっておきたいのが、現在地の確認。

　迷子になったときも、まずは現在地を確認しないと、まったくの逆方向に行く可能性がある。

　それと同じで、就活もまずはここから。

　それが「社会人基礎力チェック」です！

　社会人としての基礎力、社会人になる上で押さえておきたいポイント。社会人に必要な要素をチェックして「現段階で、どれくらい社会人に近いのか」をわかっておくこと。

　だってですね、そもそも学生にとっての就活は「社会人になるための活動」で、企業からすれば採用は「社会人として活躍しそうな人を採る活動」です。

　つまり、共通項は「社会人」。

　もちろん会社もそれぞれ人それぞれ。業界も違えば、職種も違うし規模も違う。だから、入社後に学んだり身につけたりしなきゃいけない知識や経験、しきたりやテクニックや求める人材の細かい設定なんて、そりゃ多種多様にあります。

　とはいえ、やっぱり「社会人」として共通する基礎はあるし、どんな仕事だとしても、人とかかわりながら働いていくわけなので、いまのうちにできているほうが便利かつ有効な「基礎」があるはずです。

　そんな「社会人基礎力」をどこまで身につけているかのチェック項目を、基礎中の基礎に絞りに絞って10項目、挙げてみました。

　まずはいったん「自分はいくつできてるかな？」と、気軽な感じでチェックしてみてください。

社会人基礎力チェック

☐ ① コンビニやスーパーの会計や、飲食店の注文でいつも目を合わせて挨拶やお礼を言ってる。よく会う人は、名前も憶えて呼んでいる。

☐ ② 誰かのおかげで良いことがあったら（プレゼントやアドバイスなど）、いつも感謝や報告をしてる。

☐ ③ 講義の板書、会議の議事録だけじゃなくて、疑問やアイデア、自分の意見もメモしてる。

☐ ④ 友だちとの会話や相談が終わった後に「もっとこう言えたら…」を複数の案、考えてる。

☐ ⑤ 自分から話題をふって、相手に質問しながら、その話題で5分はお互い楽しく会話ができる。

☐ ⑥ 週に4回くらいは、誰かを褒めてる。

☐ ⑦ 気になる人や言葉や分野、ちょっとでも気になることは、すぐに自分で調べたり情報を探してる。

☐ ⑧ いつでも何でも、気軽に相談できる歳上（10歳以上）の社会人の知り合いが3人以上いる。

☐ ⑨ 考え方が違う人や分野でも（違うからこそ/知らないからこそ）、いったん受け止めて興味をもつ。

☐ ⑩ 立場が違う40代や50代の人でも、普段の自分と変わらずに話せる。ツッコんだりもしちゃう。

って、
「就活のアドバイスじゃないじゃん！！」
「そんなの簡単すぎて、誰でもできるやろ！！」
「もっとやらなきゃいけないことあるんでしょ！？」
「すぐに内定をとれる方法を教えろや！！」
　と思いますよね。

　たしかに、わざわざ文章にするとバカみたいな話。
　就活本で、こんなことを書いてる本なんて見たことない。
　ちょっとマセた中学生なら、普通に全部できちゃう人もいそうなくらいに基礎的なことだし、字面だけなら難しそうにも見えません。能力や学歴や環境なんて関係なく、誰でもやろうと思えば日常的にできそうなことばかり。

　それだけ簡単そうでありながら、
　ホントに「自分は全部できてる！」って言えるかな……？

　もちろん「こんなの普通にいつもやってるわい！　できてるわい！」という人がいれば、もうこの話を飛ばしちゃって、第6章に進んじゃってください。
　これが日常的に自然にできてるなら、就活おばけを無視して、いつもどおりのスタンスで就活なんてよゆ〜なはず。

　ただやっぱりぼくが感じているのは、こんな「バカみたい」なことさえ、できてなかったりしません？　小難しい就活をする前に、ここからやってみない？　この10項目の6つでも、できたらかなり有利だよ！？　が就活のリアルです。

▌「就活対策！」よりも日常の習慣 ◀

　ぼくだって本当は、もっと複雑だったり高度だったりなことも書きたいです……。

　でも、いまの就活ではそこまで必要じゃないんですもん。専門的な部分や細かい部分になると、それこそ「小難しい」話になっちゃって、むしろ混乱していく。学生たちが楽しく元気にならない話なんて意味がない。
　どんなに学歴や実績、スキルや肩書き、資格やテクニック、顔面偏差値や身長があったとて……あったとて！ 「おもろい」と評価される学生は、まずこの「基礎力」がある人です。

　小難しい「就活対策」は、そのあとで十分です。
　まだまだそこのレベルじゃないので、いらんいら～ん！

　少なくとも過去に、ぼくは学生たちとかかわってきたので、そう言いきれます。彼らは、いわゆる世の中的な「就活対策」なんて、ほとんどしていません。それなのに（というか、しなかったからこそ）就活でもちゃんと評価されたし、社会に出ても彼らは活躍しています。

　そういう意味で、この10項目のうち、半分ちょいくらいが普通に日常的にできていれば十分。
　みなさんにとっても、就活のいろいろ難しいことをやるよりも、こっちのほうが簡単そうじゃないですか？
　基礎があるから、応用ができる。基礎がないのに応用をやろ

うとしたら、そりゃしんどい。だからこそ、一見「バカみたい」でありつつ、まだできていない基礎からやってみませんか？ということを伝えたいんです。

　みんな「就活！」って肩に力が入っちゃって、小難しいことをやろうとしすぎちゃってる。そんなのしんどくなるに決まってる。

就活は「日常の延長線上」にしかありません。

　日常の延長線上に就活があるわけで、社会や仕事だからといって基礎がいらないはずがない。小難しいことを考えて悩んでしまう前に、もっとシンプルに考えてみましょ。

　そして、そんな「マセた中学生」ですら、できてしまいそうな基礎ができていないとしたら、まずは日々の生活の中で、そこから取り組んでほしいんです。そのほうが、小難しい就活をするよりもよっぽどうまくいきます。（確信をもって断言します……！！）

　そして、なにより！！！
「就活おばけ撲滅」を理想に掲げるぼくとしては、この基礎が重要で、声を大にして伝えたいことなんです。

「実際、これをできていない学生だらけだよ♪」と。

少ないものには
価値がある

▎量産品が安いのは当たり前◀

　日常生活でも練習できちゃう「基礎中の基礎！」でさえ、できている人がほとんどいない。

　でありながら、大部分の学生はそんなところに気づかないまま、就活山を登ることに必死になって疲れちゃっているのが現状です。だから「基礎ができてる学生」は、どんどん減るし、就活の現場では年々稀少（きしょう）になっていく……。

　だからこそ、わかっておいてほしいこと。
　地球上の歴然たる事実、古今東西・老若男女・生物無生物にかかわらず、万国共通の基本の摂理。

　常に「<u>少ないものには価値がある</u>」ということ。

　金やダイヤモンドに価値があるのは、単純に「ほしい人が多いのに供給量が少ない」からです。見た目の美しさならビスマスのほうがよっぽどカッコいいし、ストーリー的にはポロニウムやラジウムのほうが奥深いし、興味深い。それでも金やダイヤモンドに価値があるのは、やっぱり稀少性なんです。

大谷くんの二刀流や最年少記録を更新し続ける棋士の藤井くんも、女優の 10 冊限定のサイン本も、どれもこれも「世の中に少ない」ことで注目され、そこに価値が生まれるわけです。

　就活も、ただでさえこの少子超高齢社会で若い人がどんどん少なくなってる上に、就活おばけのせいで「おもろい学生」も、どんどん減っていっています。

　ということは……！？
　変な就活テクニックを学んで、知識で武装して、それっぽいことを言えるようになって、ロジカルなシンキングを駆使した就活をしなきゃいけないと考えている量産型の学生が大部分だからこそ、**「おもろい学生」になるだけで稀少な学生になれる。**そうなることによって価値が出る。

　そもそも「ザ・就活！」みたいな意識高いフリをしている嘘くさい学生があふれている中では、ただただ日常的な習慣で自然に振る舞うだけでどうにかなるよ、という話です。

　いまはもう、そんな採用になっている……！！
　だからこそ、なろう！　レアな存在に！
　日常でできることを、ちゃんとやってるだけでいい。
　出そう、稀少性！　飛び込もう、ボーナスステージ！

　それだけで、企業からすれば「いつも会ってる嘘っぽい学生とは違う、おもろい学生」になれちゃうのが採用の現状。
　「そうは言っても、やっぱりまわりから浮いちゃうし、違うことをするのはちょっと……」

って、そんなことを考えなくてもいいんです。

そんなのいら〜ん！！！

その考え方が、おばけを生み出す！

　せっかく良いものもってるのに、そんなことを考えて、せっかくの良さを自ら減らして、企業からの評価を得られないなんて、もったいないったらありゃしない。そんなのさっさとやめましょう……！

　自分の良さをわかった上で、ビビらずちゃんと出していこう！！

大丈夫、あなたはちゃんとおもろい。

　ネットや本で、就活の相談やテクニックを読んでいると、「嘘をついても大丈夫ですか？」とか「盛るのはどこまでならOK？」みたいなのがあるけれど、ぼくからしたら、「ど〜！でも！　いい！！」のひと言です。

　そんなことを考えてしまう状態になる前に、そもそもを考え直しましょ。

　いまの段階では自信がもてないとしても、それは就活おばけのせい。そう思っちゃうくらいでいいです。おばけの呪いから抜け出したら、まだまだいくらでも可能性は広がってる。

　小難しいことに惑わされず、思い込みに囚われず、もうちょっとゆるく自由に考えていきましょう。

「−3」と「+5」 だけでいい

「バカみたいなこと」から始めよう

　就活なんて、小難しく考えないほうがいい。難しいことは、基礎ができてからで大丈夫！

　基礎の部分ができていれば、内定くらいはとれます。
　そして、ほとんどの学生ができていません。

　そもそも、だってですね。
　プロの仕事や専門的な分野でさえ「日常の中にヒントが落ちている」ものです。
　ビジネスの商品開発やマーケティングでも、科学の世界の発見も、アーティストの発想も、日常生活の中から生まれたものは、むちゃくちゃ多い。ニュートンの万有引力だって、青色発光ダイオードだって、日常からのちょっとした出来事からの発見です。
　どんなに専門的なものに見えたとしても、案外、普通の日々の中に、いろんなヒントが隠れてる。それを掴まえられるかどうかで、大きな違いを生み出したりするものです。

　そういう意味で、「社会人基礎力チェック」は、ぜんぜん就

活とは関係なさそうに見えつつも、社会人の「基礎力」をもっているかどうかをチェック・判断できる項目なんです。

　これができてる状態になったら就活なんて余裕やで〜！　と、そんな意図を込めての「社会人基礎力チェック」に、ぜひ取り組んでみてください。

　……という話をしてきた最後に、こういう言い方をするのもなんですが、このバカみたいに見える基礎力チェックですら、「レベル２」です。

　この基礎力チェックの前段階で、実は、もうひとつ基礎の初級としての「レベル１」の段階がある。

　ぼくがこの 20 年間、採用や就活にかかわってきた中で、世の中の就活テクニック的なものよりも、この基礎の「レベル１」のほうが、よっぽど有効だと感じています。

　というか、実際に学生たちとの相談やアドバイスを通して検証をしてきた結果として、そうなってるとしか言いようがないんです。

　前述したように、そもそも新卒採用で、内定者全員が１軍クラスなんてことはありません。

　内定レベルの学生たちですらそうなんだから、最終選考よりも前の面接や、さらにその前の書類選考の段階では、もっと別の視点、別の評価軸で選考をしているわけです。

　そこでは「この学生がほしい！」「なんてすごい学生なんだ！」と思える学生は、かなり少ない状況。

　そもそも、ちゃんと会話を通して、お互いを理解し合える人

すら、実は少ない（前章の外資系コンサルの「ちゃんと会話ができる人」のとおりです）。

　これって、単純な話です。
　もし自分に対して、何百人、何千人が結婚のプロポーズをしてくれたとしたら、さすがに「最低限、これはクリアしていてほしい」っていうラインを設定したくなりませんか？
　全員と1時間ずつ話そうとしただけで、1000人なら1日8人（8時間）会っても、125日もかかります。
　企業だって、そういう「最低限のクリア条件」をもっていると考えるたほうが、自然です。

「少なくとも、こういう人はちょっとなぁ……」という人は、できれば避けたい。仲良くなれる可能性が低そうな場合は、申しわけない思いを抱きつつも、そこに時間を割くのは難しいわけです。

　ここまで書いてきた基礎力チェックは、それこそ文字どおり基礎ができているかどうかを「チェック」するためのものです。

就活の「三大疾病」と
日常の「五ヶ条」

「やるべきこと」がありすぎる

　就活にかぎらず、何かに取り組むときには「やったらいいこと」と「やらなくていいこと」があります。

　んで、どうしようかと考えたり調べたり人に聞いたりすると、どうにも「やったらいいこと」のほうが目にすることが多くなりがちです。

　就活が怖くてしんどいものになっちゃうのは、ここにも理由があるとぼくは考えています。

　だって、「やったらいいこと」って人によってぜんぜん違うし（発信側も受け手側も）、調べれば調べるほどいくらでも出てくる。その上、ちょっとした設定や分野や視点を変えれば、どんどんどんどん増えていく。

　もちろん、いろいろわかっておいたほうが良さそうだし、アドバイスをする側の人からすれば、「やらなくていい」と言うよりも、「こんなのどう？」って言ったほうが専門家っぽくなります。

　そんな情報だらけの時代だからこそ、学生は「やったらいい

こと」を追ってか追われてか、どんどん情報を集めていく。

　何なら学生たちは、就活や採用のプロ（本物も自称も含めて）の人たちよりも、大量の情報に触れてるんじゃないかと思ったりもします。

　でもね。むしろそれが疲れちゃう原因。
　だから「やらなくていいことをやらない」と決めちゃうほうが、実は楽だし成功確率は高くて、迷いにくいし簡単になるはずです。（だって、世の中の成功者の方法を同じようにやって成功するよりも、失敗方法を同じようにやって失敗するほうが、ありえそうでしょ？）

　も〜ね……。学生のみなさんは小難しく考えすぎちゃう。
　まあね、就活商人が煽るんですもんね、そりゃ仕方がない。これまでは仕方がないっす。そう、あくまでも「これまでは」。
　けれど、もうあなたは、そこから抜け出せる。抜け出すための、ぼくが指先で送るキミへのメッセージ。

　就活では、「おもろい人」になればいい。
　それを踏まえて「まずはここからだ！」を８つにまとめてみました。
　ゆ〜ても８つもあるんか〜い！　と思われちゃうかもしれないけれど、これでも絞ったほうなんです……。
　逆に言えば、本当にまずはこの８つを押さえておくだけで、就活は劇的によゆ〜になります。

　８つとは言うけれど、「やらなくていい３つのこと」「やったらいいよねの５つ」、それで合わせて８つ。つまり「−３と＋５」、

まずはこれだけやりましょう♪

「－3」というのが、就活の「三大疾病」を治すこと。
「＋5」が、日常の「五ヶ条」を身につけていくこと。

　就活に臨む学生のほとんどは、ひとつの病気だけじゃなく、3つ同時にかかっています。三大疾病の複合合併症……。それに気づいていないと病状は進行するばかり。無自覚のままだと、治療の必要性も感じないまま放っておいて悪化しちゃう。

　普通の病気でも、かかると日々のパフォーマンスは落ちますよね。体調が悪いときは、その影響で精神的にもつらくなる。普段どおりの思考も行動もできなくなって、なんだか気持ちも身体も不安定になっちゃう。それと同じです。

　なので、さっさと治そう、就活の三大疾病……！！

　そしてもう一方の、日常の「五ヶ条」。

　ここまでお伝えしてきたように、変に就活のための就活、ムダに小難しい就活をしようとするから、就活は怖くなる。就活のための時間、就活のための思考、就活のための我慢ばかりをするのは、そりゃ大変です。それを何か月も続けていたら、精神的に辛くもなっていく。

　そんな苦行をするよりも、普通に日常をすごしながらちょっとした習慣を身につけるだけで、いまの就活くらいは乗り越えられる。むしろ日常でもできる基礎中の基礎ができないままに、高度で複雑なことをやろうとするからしんどくなるわけです。

　だからこそ、日常的に意識をしておきたい「五ヶ条」があります。

言うなれば、三大疾病は「就活おばけに遭っちゃう理由」であり、五ヶ条は「就活おばけへの対処法」のようなものです。ただの幻想でしかない就活おばけを、さっさと退治しちゃいたい。他の学生たちが、いまだに就活おばけを怖がっているからこそ、この「−3」と「＋5」をヒントにしながら、さっさとおもろい学生になっていきましょう。

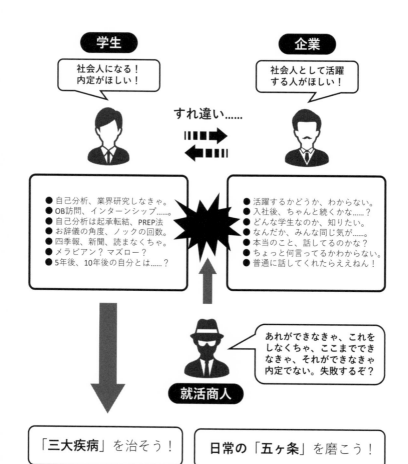

すべてのヒントは「社会人基礎力チェック」の10項目の中に......。
小難しい「就活」に怖がる前に、日常の習慣を積み上げていこう。

第 3 章

ネガティブになる原因！「三大疾病」で疲弊する

「なんか調子よくないな…」「いつもの自分とちがう…」
そういうときって、だいたい病気や何かで体調や精神的に
変化が起きているものです。
就活を始めると、そんな状態になって、
自分が悪いと考えちゃったりもします。
でも実は、そのほとんどは、ちょっとした気の持ちようで
変わるかもしれません。「病は気から」で抜け出そう！

「就活病」パンデミックを回避せよ

▌症状理解、早期発見、早期治療！

数年前から、日本全体に広がる深刻な感染症——。

その存在は、ほとんど世の中に知られておらず、感染者たちは病気におかされていることに気づかないまま生活することで、さらに多くの感染者の拡大を引き起こしている。

自覚症状がないから対策の施しようもない。特効薬やワクチンも存在しない。その病気はいまもまさにリアルタイムで多くの感染者たちの人生に大きな影響を及ぼし続け、不安と悲観を巻き起こしている……。

……って、こんな文体で書くと、むしろ怖いですよね。

その病気の名前を「**就活病**」と言います。

「就活っぽいこと」に合わせなきゃ内定がとれないという強迫観念に縛られて、高度で複雑な方法ができることが「常識」だと思い込み、それに合わせようと自分を偽って、表面的かつ昭和的な「できるフリ」をすることこそが評価につながるという幻覚に惑わされる病気。

就活前であろうが就活中だろうが（場合によっては大学に入った時点で）、99％以上の学生に感染し、果ては学生にかぎらず社会人にまで範囲は広がり、彼らの体力や精神に悪影響を与え続けています。

　いざ就活を意識し始めると、自己分析や業界研究、インターンシップやOB訪問という言葉に追われて焦るようになる。新聞やら四季報やら業界地図に目を通さなくちゃとか、髪もスーツもワイシャツも、色や形を気にしちゃう。
「就活の軸」や「ガクチカ」で評価される言葉やエピソードを探し回って、ネットや先輩（や怪しい就活商人からも！）あらゆる情報を仕入れて、就活で評価される優秀な学生を演じなければいけないという幻想に囚われていることに、自分でも気づかないままハマっていく。

　いろんな知識や対策法やテクニックを学んで、いろんな人からのアドバイスを受けることで、普段の自分を忘れて（もしくは捨てて）、「もっとできることを増やさなきゃ」とか「いまのままじゃダメなんだ」モードに入っちゃう。それが、就活病の症状です。

　学生のみなさんには、できるだけ早くこの病気の存在に気づいてほしいし、感染しないでほしいんです。もし、すでに感染している気配や兆候があったら、できるだけ早めに治しちゃいたい。

　就活準備だとか就活対策をする前に、まずこの「就活病」の存在を知って、パンデミックから抜け出しましょう。

病気の正体をちゃんと知って、本当に適切な対策をしていくことが就活を乗り越えていくポイント。

　一般的な病気治療の基本は、まず存在・症状を知ること。
　そして現状認識、原因解明。その上で早期発見、早期治療をすることで重症化は防げる。

　就活病も同じです。
　病気の症状や原因、対策法を「ちゃんと知る」ところから。
　ただの思い込みだけで感情的になって「怖い！」「不安だ！」「もうイヤだ！」なんて人だらけだったら、もし世界で未知の感染症が流行ったりなんかしたら、世の中はパニックに陥って、どうしようもなくなっちゃう流れになるだろうことは想像できます。なぜかそんな光景がありありと見える……！

　少なくとも就活の世界では、そこから抜け出す方法がちゃんとあります。それは、ちゃんと事実と因果関係を踏まえて、考えて判断すること。

　感情的なパニック集団とは違う選択・判断ができるようになるために、現実的な視点をもって、ちゃんと事実と現状を踏まえて考えて、日常的に準備や対策をしておくだけで、いろんなメリットが生まれやすくなります（だって、世の中そうしてない人だらけだもん）。

　就活病にかかっている人ほど、就活おばけに出遭います。
　世に流布する「就活っぽい就活法」に縛られて就活病になってしまうなんて、損だらけ。「ちゃんと知って」「ちゃんと対策」

をすれば、就活はぜんぜん怖くない。

　知らないままに信じてしまうなんて、情報商材セミナーや新興宗教の勧誘にホイホイついていく人を笑えない。そういう分野ってけっこうな比率で、信じる者は救われ……ません。

　そんな就活病から抜け出すために、ちょっとした疑問を抱いてみよう。
「就活病になる就活法」を信じる前に、これから伝える４つの視点から、一緒に就活を眺め直してみませんか。
　その４つの視点というのが、これです。

　１、就活のルールや常識「それって社会で使う？」
　２、就活のルールや常識「それって企業が言ってる？」
　３、ムリな「背伸び」してない？
　４、これからの仕事でも「コピー上手」で評価されたい？

　ひと言で表すなら、「就活の常識と言われてることって、社会で求められていない／使えないことが多くない？」ということなんですが、ひとつずつ説明していきますね。

① 「就活ルール」は社会で使う?

ひとつめは、すごく単純。

就活のルールや常識、必要なスキルやテクニックはいろいろあるけれど「**それって社会で使うのかな?**」

それは「社会人として」必要なこと?
就活で必要とされていることの中で社会人になってからも使ったり、必要だったり、思いどおりになってるものってどれくらいあるんだろう……?

就活はそもそも「社会人になるための活動」で、そうだとしたら就活でやることは本来「社会人」につながるはず。
就活で「やるべき!」と言われているマナーや話し方、お辞儀の角度やスーツの色を、しっかり厳密に的確にやってる社会人を見たことあります?

そうやって見てみると、就活テクニックの大部分は、社会人になってから使わないものだらけ。
就活は「社会人になるための活動」で、採用は「社会人を採るための活動」です。なのに、世の中的に認知されてるその活動は、社会とは違う基準で動いているように見えます。

なにやら就活がどんどん社会から遠ざかっていることで、うまくいかない人が増えている、と考えたほうが、普通にしっくりくる気がしませんか?

「社会人基礎力チェック」の10項目は、どんな業界、職種であったとしても、年次に関係なくできてたほうが「ちゃんとした社会人」になれるはずだと、ぼくは考えています。

　まあ、こういう話をすると、
「そうは言っても、名刺交換や電話応対レベルの社会人の基礎中の基礎くらいは、できるようになっておくべきだし、そんな簡単なことは習得しておくべき」と言う人もいます。

　おーけーおーけー。
　たしかにそれは、社会人にしてみれば「日常」です。ただ、いまはまだ社会人じゃない学生ができなくたって当たり前。社会に出たら、それこそ学歴やスキルに関係なく、だいたい誰でもできるようになるものです。
「そんな簡単な基礎」だからこそ、日常的にやっていれば、誰でもできる。けれど、就活病を蔓延させたい人たちは、「いまやるべき、できるようになるべき」と言うんです。

　就活でやること、求められること、できたほうが良いことは、あくまでも「社会人として必要かどうか」でいいはず。
　なのに、学生は就活商人の手のひらの上で踊らされて、「これができるようにならなければっ！」って強迫観念に囚われて、「やらなきゃいけない」と信じ込んで、疲弊する。

　企業の人たちは、あくまでも「社会人として」活躍してくれそうかどうかで見ています。決して「上手に就活ができる人」がほしいわけじゃありません。

②そのルール、企業が言ってる?

このひとつめを踏まえての、ふたつめ。

就活で言われるルールっぽいもの、「それって企業が求めてるのかな?」です。就活でまことしやかに言われる「こうすべき」のルール的なやつ。それって企業は言ってない。

スーツや髪の色、自己PRでのリーダー経験やボランティア、スキルや成果の伝え方、新聞からの時事問題、ノックの回数やお辞儀の角度……。

なんだか就活では「そういうもの」として当たり前に言われているけれど、本当に企業が「こうしてください」「こうじゃなきゃダメです」「これ以外は認めません」って言っているのって、聞いたことあります?

採用ページに紹介されてる先輩社員。黒スーツで白ワイシャツの真っ黒髪の人なんて、ぜんぜんいない。見つけるほうが難しい。堅そうな銀行ですらそうです。

それなのに、就活の学生に対してだけ「スーツは黒で、ワイシャツは白、髪は染めてたらいけないし、女性で髪が長い場合はちゃんと後ろでまとめましょう」って、ホントに?

それこそ日経新聞の調査(2018年の記事)で「黒スーツ&白ワイシャツが望ましい」と回答したのは、30社中で男子学生3社、女子学生で2社です(ちなみに男女ともに黒スーツ&白ワイシャツ、と答えたのは、東京都と森永製菓)。

何なら「むしろスーツなんて着ないでほしい」と考えている企業もあります。だから彼らは、わざわざ「私服で来てね〜」って言っているのに、学生は黒白お通夜スタイルばっかり。もう、企業の人たちの落胆たるや……。

　マナーだって「ルール」じゃありません。本質は「心地良くすごせるように、好意的な関係をつくるため」のもの。
　そう考えたときに「本日は大変お忙しい中、貴重なお時間をいただき、誠にありがとうございます」なんて、不自然に緊張した状態で話すことに、どんな意味があるんだろう。
　むしろ「本当の自分を見せてくれてるのかな？」「普通にしゃべれる？」って、疑問に思っちゃう。
　マナーなんて相手によって変わります。それを踏まえずに「こうすべき」に凝り固まってる時点で柔軟性がなさそうだし、相手を見ていないし、決まったことしかできない（さえできない）人に見られちゃう可能性まで浮かんでくる。

　そうやって、何やらいつのまにか「就活とはこういうもの」と言われているけれど、そのほとんどは企業が言ってるわけじゃないどころか、むしろ「そういうのやめてよ」って思ってる企業がたくさんある。

　就活のルールやテクニック的なものは、就活商人がつくってきたものばかり（とあえて言います）。そんなのに振り回されちゃって就活がしんどくなるのって、気持ち的にもちょっとイヤじゃない？
　企業は、そんなの求めてない！　です。

③ムリな「背伸び」してない？

企業が知りたいのは、結局はみんなの「素の状態」。

いつもどんなことを考えて、どういうときに何を感じて、どう動く人なんだろう。何を目指して、何が良くて何が嫌だと思っているのかな、そういう日常や普段の思考を知りたいんです。

なのに学生は、いざ就活になると「できてる自分」を見せようとしてくるし、なんだか嘘っぽい話をそれっぽくしなきゃいけないと思ってるんですもん……。

「そうは言っても、企業は"注力したこと"とか、"頑張ったこと"を質問するじゃん！！」って、たしかにそうですよね。それは事実。企業はそれを聞いてくる。

そこはですね、第2章の最初を思い出してください。
何かというと「企業だって悩んでる」んです……。
彼らは彼らで気を遣いながら、あえてそれを聞いてる。

これだけ社会的にメンタルケアの重要性が広まっていて、ハラスメントへの対応が求められている中で、学生から「頑張った状態」や「自分のマックス！」ばかりを聞いていても、「それはずっと続けられるのかな？」と、むしろ不安になる。

みなさんがどうにも「ムリしちゃいがち」だから「ガマンしすぎないでね」とも思ってます。企業はそこにむちゃくちゃ気を遣ってる。

企業の人たちだって、新入社員が「いつも常に最大限！」で

やってたら疲れちゃうのはわかってます。できるわけがないのは当たり前。彼らはこれ以上、社員が崩れていく姿を見たくないんです（普通にまともな会社であれば……）。

　普通に考えてみても、100 メートル走のタイムを聞いて「そこまでできるなら、その調子でマラソンを♪」なんて、言わない言えない言うわけない。彼らが聞きたいことは「日常的にいつもできてることは、どのへんかな？」を押さえておきたい、知っておきたいだけなんです。
　だから変に「ムリしている状態」「頑張っている姿」ばかりをアピールされると、そういう姿は見えにくい。
「日常的な習慣」「素の状態」「当たり前にやってること」のほうが、十分に信用できるからこそ、そっちを知りたい。

　でもですね、だがしかし！
　就活病の学生たちは一生懸命、曖昧で的ハズレなことを言ってくる。それで企業の人たちの悩みは、余計に深まるばかりなり。

就活は、成果自慢大会でも演技力大会でもないのに……。

　就活病的な就活アドバイスを鵜呑みにしてしまうと、「自分のマックスを見せなくちゃ！」と思いすぎちゃって、自分でもわけのわからないまま、成果自慢がインフレ化していっちゃう。まるでジャンプのマンガみたい。
　もちろん「じゃあ、何を伝えれば？」については、ちゃんと説明しますので、安心してください。

④ 「コピー上手」で評価されたい?

就活病から抜け出すための4つの視点、最後がこれです。

就活も仕事も「コピー能力」で闘っていくの?　と。

就活病にかかった学生たちは、だいたい同じような振る舞い、同じようなエピソード、同じようなアピールをします。何なら外見さえもみんな同じになっていく……。

そんなに「みんなと同じです!」なんて、企業の人たちからしたら選びにくくなるような言い方をしないほうが良さそじゃない?　むしろ「このへん、ちょっと違うでしょ?」という人のほうが、興味を惹きそうじゃない?

だから、企業の人たちの立場を踏まえて「コピー人間だらけだと、選びにくいですよね〜」とわかってあげればいい。

そもそも、**粗いコピーは選択肢になりにくいんです。**

たかだか就活(とあえて言いますね)で、上手なコピーをしようとしながらも粗い状態だと、さすがに企業の人たちも学生たちを信じきれない。

働く姿を想像しようとしても「このまま粗いコピーを目指すのかな?」と想像しちゃうのも自然なことだと思いません?

いろんな情報が入手しやすくなって、いろんなものが技術で置き換えられ、カバーされる世の中で、粗いコピーを目指していると、やっぱり評価を得るのは難しい。いわゆる「コモディティ化」というやつです。

もちろん企業によっては、コピー能力の高さを求めている所もまだまだあります。そして、そういうコピー能力の高い人というのは、ほぼ「お勉強ができる人」と同じ意味でもあります。

　これまでの人生でそういう「お勉強的コピー能力」が高くて、これからもそれで活躍していきたいなら、そこをアピールしていく選択肢はありえます。

　ただ！　もし！　そっちを目指すんじゃないならば、もしくはこれまでのコピー能力の土俵がそこまで得意じゃないならば、せっかく違う方向性があるなら、こっちを選んでみてもいいんじゃない？　と思うんです。

　計算だとか知識だとかはもちろん、状況判断や意思決定でさえ、ITやAIで置き換えられているのが現状です。そっちの方向を狙うより、ちょっと違う視点、ちょっと違う発想で、「こんなやり方もありじゃない？」「こんなやり方、どうですか？」ができる（ほどじゃなくても、考えられる）ほうが、おもろい人っぽい気がしません？

　少なくとも、いまの就活で苦労している学生たちは、どうにも「上手なコピー」をしようとしている人が多いように見えます。自分はどっちがいいのかな……？

振り回されるのは、もうやめよう

　こうやって４つの視点で見てみると、どうにもいまの就活の
おかしさが見えてきます。

　社会とは違うところで変なウイルスが繁殖してるから、やっ
ぱり就活病は治したほうが良さそうです。

　そもそも就活病の蔓延は、インターネットやパソコンの発達
とも深く関係しています。
　本当は人がもっとラクになるための情報を得られるはずなの
に、むしろ逆にしんどくなっちゃう人が増えています。
　ネットの世界では、あまりにも情報や意見が見えすぎて、い
ろんな「成功法」を知ってしまう。自分もそのレベルにならな
いといけないと思い込んじゃう。

　何なら逆に、「あれはダメだ」「これはおかしい」という言葉
もあふれているから、意識しなくてもどんどんネガティブな言
葉が流れ込んできては、自分の内側で増幅してさらにしんどく
なっていく。

　誰かの正解が、自分にとっても正解とは限りません。

　誰かの正解に合わせると、自分の正解は見つからない。
　何によって評価を得て、どう働いて、どこに価値を生み出し
ていきたい？
　誰かの正解に合わせようとして、競争率の高いコピー人間の

世界で、社会で使わないようなことを身につけて、いつでも常にマックス全力でムリをしながらすごします？　それを目指し続けるのが、就活病の世界線です。

　ぼくはこの 20 年間、採用や就活の変化の現場に身を置いて、なんだか違う方向に「努力」をしてしまっている学生をたくさん見てきました。
　本来、ちゃんと良いものを持っているはずの学生たちが、それを出しきれないどころか自分から隠して見せない方向に「頑張って」しまっていて、もったいないというか悔しいというか憤りというか機会損失というか……。

　ここまでの話で、とりあえず就活病という感染症に気づいて、ひゃらっと抜け出してくれる人が増えてくれたらうれしいです。三大疾病の中で、最も根深く学生に染み込んでしまっている就活病。具体的な治療方法は、第４章でお伝えします。

　もう、振り回されるのはやめましょう。
　もっと自由に就活を！！

日常を侵食する
「失敗過敏症」

▌「受動ネガティブ」に気をつけて！

　就活病は、名前のとおり「就活」に関係する病気の話でした。

　ふたつめは、就活だけじゃなく日常的に広がる病気。学生だけじゃなく世界中に広がる病気です。それだけ、そこかしこで発生しているからこそ気づきにくい。

　その名も「失敗過敏症」。

> 「こんなことしていいのかな……？」「こうしたら何か言われるかも」「やってみても、こうなったらヤダな……」と過剰に失敗に敏感になり、試すこともできず、意見を言えなくなってやりたいことができなくなる病気。

　失敗を怖がる人が増えている。
　もちろん失敗するのは怖いです。たしかに怖いけれども、失敗にもいろんなレベルがあります。
　骨を折ったり血が出たり、社会的に批判や暴言を受けたりするレベルもあれば、ちょっとコケちゃったとか誰かから陰口を言われるレベルもあれば、「あら、まちがえた〜」程度のもの

もある。

　毎日のようにニュースやネットで誰かが叩かれ、炎上し、干されて、人生を崩している姿を目にします。そりゃ世界中の人に監視されているような気持ちになって、何をやっても叩かれそうに感じちゃうのもムリはありません。

　明日は我が身……みたいな感じで、どんどん悲観的な想像が膨らんでいく。

　わかる。わかります。そりゃ、そうなったら怖い。

　けれど、たかだかぼくらレベル。そんな有名でもない段階で、そんなに失敗をビビってもしかたがない。というか、ちょっとした失言レベル、ちょっとした行動で、人生そんなに損しません（もちろん法を犯したらダメだけど……）。

　人の失敗が見えすぎるからこそ、逆に世界が狭くなっちゃってませんか？

　失敗過敏症は、就活でもいろんな「症状」として表れます。

　マナーは間違ってないかな。ESこんなんじゃダメだよな。いろんな情報を調べておかないと。他の学生に変だと思われないかな。これを強みだと言って大丈夫かな。なにも起きてないけど、絶対なにか失敗してる気がする……。

　って、いやいやいやいやいや、考えすぎです！！

　ぼくは「受動ネガティブ」と言っているのだけれど、「受動喫煙」よりも、こっちのほうが大きな問題。

　健康に悪い（と言われている）タバコの煙を受動的に吸って

いるのが「受動喫煙」。同じように、健康に悪影響を与えるネガティブ（な情報や考え方や行動）を、浴びてしまっている状態が「受動ネガティブ」。

「ありえない！」「不謹慎！」「謝罪すべき！」というニュースやSNSを見るだけで、その感情をトレースしちゃう。じわじわと脳内にネガティブが染み込んでいく……。

それが徐々に蓄積されて、自分の気持ちにまで悪影響が出てネガティブスパイラルが生まれる。世の中、そういう「受動ネガティブ」が増えすぎているように感じます。

失敗しないで上手になれる?

自転車の練習と同じです。「みなさん自転車、乗れるやん？」と。（乗れない人がいたらごめんなさい……）

乗れる人は自転車に乗れるようになる前に、どれくらい「自転車の乗り方」を調べました？　本を読んだり、人に聞いたり、ネットの情報を見て動画で調べたりした？

逆に言えば、それだけネットや本で調べたとして、「調べたとおりにすぐ乗れた！！」になるのかな？

まずは自分でやってみながら、「なんでうまくいかないんだろう？」「ここはこうなのかな？」「こんなやり方も試してみよう」を繰り返す中で上達してきたはずです。

そもそも自転車を買ったら、とりあえず早く乗りたい！　乗れるようになりたい！　だった気がしませんか？

ゲームだって、取扱説明書や攻略法を読むより前に、まずは触ってみながら遊ぶことのほうが多いはず。

楽器を買ったら、まずは早く音を鳴らしてみたい。できれば、ちょっとしたメロディが弾けるだけで楽しくなる。

　何かを始めるときって、そういうワクワク感のほうが先にくるし、できることが増えるだけでうれしくなる。
　できないことが多いながらも、「あれができるようになったらいいな」「これもできるようになった」を積み重ねていくことがおもろいはず。

　小さい頃は、そんなに失敗を怖がらなかったはずです。
　子どもたちが遊んでいるのを見るだけで、ぼくらは心配になっちゃうほどに、彼らは飛び跳ねては登って転んでむちゃな動き方をします。たぶんみんな、幼い頃はそうだったはずなのに、就活になると、そうは取り組めない。どんどん失敗の怖さを想像するようになっちゃってる。

　動き始める前に、あまりにもいろんな情報を集めすぎて、高度な技や細かいルールを知りすぎて、「ここまでできなきゃダメなのか……」から入っちゃってません？
　自転車で言えば、先にアクロバティックなBMXの映像や、派手にコケてる姿まで見ちゃったりして「自転車怖い」になるようなもの。そうやって、やる前から情報を集めすぎて、頭でっかちになって、失敗過敏症が悪化しちゃう。

　どこぞの女性の外科医のように「ワタシ、失敗しないんす」と言えるような人じゃないぼくたちは、どんどん失敗しながら、できることを増やしていくほうが近道のはずです。
　「失敗しない」ことよりも、失敗しながら「じゃあ、どうしよっ

かな」「次はこうしてみよう」を考えて、試していくほうが楽しいことが増えるはず。

　そうやって自分で経験して手に入れたものと、知識や情報でわかったつもりになっているものは、天と地どころじゃないくらいに大きく違います。
　肌感覚、身体性、実体験、そうやって**体感・経験したからこそ「自分のもの」になる**。

　ネットで拾った映画のうんちく、本で仕入れたワインの知識、誰かが言ってたビジネスの本質、親が言ってる社会の常識とかは、どれも肌感覚や身体性はありません。
　ネットや本や噂で、どんなに「プロのテクニック」を知ったとしても、それは自分のものとして使えるわけではありません。だから、アクセルの踏み方もブレーキのタイミングもわからず、大きな事故につながっちゃう。

　誰かに教えてもらった正解よりも、自分で「あ、これじゃないや！」とか「こっちのほうが良さそかな？」に気づいて変えて試してみて、自分のやり方を発見して、できるようになるほうがおもろくない？
　ネットや本や噂だけで小賢しくなって、失敗を怖がって踏み込めなくなると、身体も頭もどんどんこわばって、余計に失敗しやすくなっちゃいます。

　日常生活でも就活の面接でも、どんなに失敗したって血は出ないし、骨が折れるほどのことなんて起きません。むしろ失敗を怖がって心が折れるほうが、よっぽどのリスクです。

情報を集めれば集めるほど削られるなんて、もはや「不安コレクター」を名乗ったほうが評価されそう。それで心や気持ちが削られてしまうなら、そんなの集めないほうがいい。

　それより、日常的にちょちょいと失敗を重ねて、失敗の理由やそこからの対策、自分に合うやり方や合わないやり方をわかっていくほうがいい。

「食べログ慣れ」の罠

　失敗過敏症の人は「やる前」に答えを知りたくなっちゃう。

　それが表れやすい場面のひとつが、学生の質問。

　ぼくが就活にかかわってきた中で、おそらく最も多く投げかけられた質問が、これです。

「どうすればいいですか……？」

　そりゃもちろん、ぼくも企業の採用や学生の就活について、それなりにいろんな可能性やパターンや、人によって企業によっての対策・対応の選択肢をもって、人に合った言葉を伝えたい。だけど、最初から「どうすれば？」と聞かれても、それは人それぞれ。

　どうにもみなさん、安心できる正解っぽい情報がないと動けなくなってません？　まずは自分でとりあえず答えを出してみませんか。

　いまの時代、**情報がなくて悩むよりも、情報だらけで悩むことのほうが増えています。**

　自分で歩きまわって美味しい飲食店を探すより、食べログで

検索したほうが失敗しない。もし失敗しても、食べログのせいにしちゃえばいい。

　自分に似合うファッションを試すより、雑誌に載ってる「○○コーデ」や「パーソナルカラー」を参考にして選べば、無難にこなせるらしい。ネットの適性テストで「あなたは何タイプ？」で教えてもらって、安心したり不安になったり。

　難しい言い方をすると、IT や AI 的なもののアルゴリズムの発達で、ぼくらは日常的に判断や意思決定をしなくてもいい状態になっていて、多くの人がそれに慣れています。
「あなたはこんな人！」「こう生きていけばいいよ♪」「こんな仕事が向いてます」「今日はこれを食べましょう」「こんな人とマッチングしましたよ」って。
　いつでも IT が提案してくれる。そんな食べログの罠。

　星座占いの「ラッキーカラー」と、食べログの「おすすめ店舗」と、就活サイトの「おすすめ企業」や「あなたはこんな人」って、何が違うんだろう……？

　だから、ちょっと考えてみてほしいんです。
　就活やこれからの人生で、（IT や AI も含めて）誰かに決めてもらうことでストレスを減らすのか、自分で決めることでストレスを減らしていくのか。
　少なくとも、ここについては、考えておいたほうが迷いや悩みやストレスへの向き合い方は変わるはずです。

　そういう意味で……！！
　企業の人たちが、どんな学生を求めているのか。

どんな学生を求めている企業なのか。
自分は何が求められている環境で働きたいのか。

これは考えてみても、損はなさそうな気がしません？
雑に言ってしまえば、「失敗を怖がらずに、自分で考えて決めて動く人」と「ミスや失敗をしないように、言われたことをやる人」、どっちを選ぶかは自分しだい。

別にどっちが優れてるというわけじゃありません。自分にとって心地よい方向を選べばいい。
何なら、いわゆる昭和的な大手企業では後者を求めている会社はいくらでもあるし、誰かが決めたものを適切に実行していくことを目指したい人にとっては、そういう会社のほうが合っています。

失敗しないように情報を集めるか、失敗しながら学ぶか。
他人やAIや占いに決めてもらうか、自分で決めていくか。

生き方はそれぞれだし、選べます。
けれど、ぼくは日常的な失敗を繰り返しながら、肌感覚や身体性とリンクしたセンスやアンテナをもっているほうが、自分らしい生き方はしやすいんじゃないかと考えています。

「MNAS」が
生み出す勘違い

ぼくらは、もらって生きている

「三大疾病」のふたつ、就活病と失敗過敏症はその存在に気づいてくれるんじゃないかな、そうだったらうれしいな、さっさと抜け出してほしいなと思っています。

病気の存在を知ったことで、かかっている自覚症状を感じてもらえたらうれしいです。

ただ、これから話す三大疾病の最後のひとつについては、ちょっと毛色が違います。

ほとんどの人にとって（学生だけじゃなく社会人でも）自覚症状がなく、かかっていることにすら気づけていないくらいに根深い病気です。学生のほとんどは、この病気に気づいてない。

というのも、みなさん。

道路、歩いたことありますか？

義務教育、受けてました？

毎週のゴミ、回収してもらってる？

たぶん全部、経験してきたことだと思います。

でも、それって誰のおかげなんだろう。なんで普通にできて

るんだろう。そういうことって、考えたことあります？

　ぼくらは毎日、舗装された道路を普通に歩いています。義務教育も受けてきました。週に1,2回、道路の端っこにゴミを出しておけば、昼までには回収されています。何なら道路でカラスや猫が轢かれていても、翌日にはなくなってる。

　それって、「当たり前」なのかな？

　世界を見てみれば、道路が舗装されてる国はどれくらい？ 10歳くらいまでに基礎教育を受けた子どもはどれくらい？ 道路にゴミを置いたら回収されるのが当たり前なのは、どれくらいなんだろう。

　それが「当たり前」なのって、誰のおかげなんだろう？

　そういう視点でみるとわかるのが、三大疾病の最後のひとつ「MNAS」という病気です。

「エムナス」と読んでください。「もらい慣れ、与え知らず」の略称です。

　他者や社会から「もらってること」に気づかないまま、「もらうこと」に慣れてしまって、自分が他者や社会に「与える・返す」ことへの意識がなくなり、自分の欲求や満足や都合を優先してしまうことが当たり前になる病気。

　この病気については、学生の日常生活でも「気づかないままに当たり前だと思ってしまってない？」と、あえて投げかけてみたいんです。

　ほとんどの学生のみなさんは、この約20年、家族や親戚、友だち、知り合いだけじゃなく、日本中の「社会人」からいろ

んなものをもらってきました。

　道路を歩くのも、義務教育を受けるのも、ゴミを回収してもらうのも、親御さんはもちろん世の中の「社会人」のおかげです（そのおかげで、これから返すものがもっと増えていくんですけれど、それはさておき……）。

　何が言いたいかというと、**社会や仕事って、本質は「与える」ことで成り立っている**ということです。
　人気の業界や職業でも不人気の業界や職業であっても、それらのすべての仕事は誰かの役に立っているから、仕事として成り立ってる。

┃「非モテ」からの卒業 ◂

　MNASは、就活の場面でもすぐに思考や言葉に表れます。

　たとえば、就活になると「やりたいこと」を考える。
　年収や責任、肩書き、やりがいや福利厚生、ワークやライフだバランスだと、「これがやりたい」「これができる環境が」「こうであってほしい」って……。
　どうにも、「もらえるもの」や「ほしいもの」を先に考えている学生が多い気もするんですが、そのへんみなさんはどうですか……？

　普通に考えると、友だちでも恋人でも、ただただ普通の人間関係でも、自分に対して「ほしい」「やりたい」「自分にとって都合が良くて……」で近づいてくる人がいたら、けっこう気持ち悪くないですか。

それこそ企業の人たちにとっての学生は、まだ友だちでも恋人でもないのに、何千何万人もが「ほしい」「やりたい」で言い寄ってくるんです。

　そういうアプローチって……。
　どう考えても「非モテ」のやり方でしかなくないす？

　日常の人間関係でも、社会や仕事でも、もちろん就活でも、相手に価値を生み出そうとするから評価を得られるし、求められる。これって、むちゃくちゃシンプルな基本のはずです。どう考えても、逆はありえない。
　与えることもなく、与えようともしないのに「ほしい」「やりたい」ばかりの人は、どんなに熱意があっても相手からは求められない。というかそれ以前に、相手に信用されるための基礎の部分を押さえられていないわけです。

「年収」なんかは、とってもわかりやすい。
「600万円はほしい」なのかもしれないし、中には「1000万円以上！」の人もいるだろうし、「400万円でもいい」という人もいるかもしれません。
　多くの人が考えるのは、特定の会社に入れば、そこで決められた年数をすごせば、やるべき仕事をこなせれば、「これくらいの年収はもらえそうかな～」みたいな感じだったりしませんか？（そうじゃないことを期待しつつ……！！）

　企業からみれば「もらう」前提の人たちは、できるだけ避けたい。しかも、そこに悪意がないから余計にタチが悪い。
　ビジネスや仕事や会社は、何かを与えるから対価をもらえる。

お金や信用や立場や肩書きや責任を手にすることができる。

「もらう」は常に「与える」とワンセットです。

　年収1000万円をもらおうとしたら、社会や会社や取引先に
どれくらいの価値を与えれば、その額になるんだろう。それは
売上？　粗利？　それともお金とは違う事業価値？　社会的価
値？　それだけの価値を生み出すには、自分の何を活かして、
何ができるようになったらそうなりそう？

　と、そこまで細かく考えないまでも、「もらう」ことしか考
えずに「与える」意識がなさそうな人を、企業はどう受け取る
のかな？　って、考えてみたことがある人とそうじゃない人、
どっちが評価されるかな。

　それこそ現時点では返せるものは少なくても、それを意識し
て「できるようになろう」としている人は、企業の人たちの目
にはどう映るかな。

　というように、うまくいかない人（学生も社会人も）の多く
が「自分の都合」で考えちゃう。それは就活にかぎらず、仕事
でも日常生活でも……。

　自分が悪く映らないように、自分が失敗しないように、傷つ
かないように、自分が得するように、自分のやりたいことがで
きるように、自分がすごいと思われるように……って、「自分側」
に目が向きすぎると、もし与えていたとしても気づけなくなっ
ちゃいます。

▌評価するのはいつも他者 ◀

　本当のところを言うと、MNASの話はあんまり書きたくないんです。

　だって、やっぱり説教くさい。それこそなんだか就活商人っぽいし、何なら中学校の道徳の授業かな？　ってくらいに当たり前の話になっちゃうし、学生をどれだけバカにしてんねん！とも思われかねない。

　とはいえ、学生の多くがMNASの罠にハマって、就活で苦労しているのは事実だし、これを治すだけで就活が一気に楽ちんになるのは、やっぱり事実なんですもん……。

　社会において……なんて大きな話じゃなくても、普通の日常の人間関係ですら、評価をするのはいつも他者です。どんなに「おれ、おもろいぜ！」と言っても、相手がそう思うかどうかでしかありません。

　ビジネスでも、いくら「こんなにすごい商品なんです！」と言っても、お客さんがそう感じなかったら契約もお金も発生しません。**ぜ〜んぶ、受け手の問題**。

　誰かに、何かに、どこかに価値を生み出すのが仕事であり、社会です。

　「誰かが」「他者が」「社会が」良くなることを考えて、それができる人になるだけで、その流れで自分も「社会人」として良い状態になっていく。

　その影響力の範囲が広がるほど、密度が上がるほど、お金や

信用や立場は勝手についてくる。世の中で活躍している人やそれらを手にしている人たちを見れば明らかです。

　もちろんそうした「他者への価値」にも、いろんな分野やフェーズや方法があります。
　いきなり大きなことを目指すのもいいけれど、20年くらい自分の人生をすごしてきた中には、できそうなことやできてることもあれば、ちょっと難しそうだけどやってみる価値はありそうなことも、たくさんあるはずです。
　もちろん就活では「やりたいことを考えよう！」なんて、就活商人が煽ってくるから、自分側に矢印が向いちゃうのもわかります……。

　どうにも世の中の本やネットの情報では、「自分が良くなる方法」が多いように見えるのは、ぼくだけなのかな……。あえて難しい方法を提示して、混乱させようとしてるようにすら見えちゃいます。

　だからこそ「もらうこと」ばかりを考える非モテの立場から、「与える」ことを意識して、さっさとMNASから抜け出していけたら、そりゃ一般の学生とは違う、おもろい学生になるはずです。

日常的に
社会人であればいい

「合わせず、ビビらず、与える人」に

　ここまで、あまり就活のテクニックらしきものがないまま、
バカみたいな話をしてきました。

　でもね、やっぱりぼくは「まずは就活、ここからだ！」と心
の底から考えています。
　この数年の採用と就活の変化の中では「ここを押さえておく
（＝三大疾病を治す）」だけで、大きな大きな、それは大〜きな
アドバンテージになると確信しています。

　だって、これまでずっと、ぼくのまわりでは実際にそうなん
ですもん……。
　高度で複雑な知識やテクニックなんてやらなくても、有名企
業や人気企業からも内定をとれるんですもん。（別に大手や有
名企業がすごいとか良いという意味ではなくて、ただの志望者
数の規模と競争率の話です！）

　それこそ「企業は消去法で採用してる」と書いたのは、つま
りそういうことです。
　言ってみれば、「三大疾病」は基本中の基本で最低限のネガ

ティブチェックみたいなもの。

　仕事がどうとか、社会でどうとか、ましてや学生時代の実績やスキルがどうだという前に、「できれば、少なくともこのへんは普通にクリアしててほしいな〜」の部分が、三大疾病。企業は三大疾病に感染している（罹りやすい）人を、できるだけ避けたい。もちろん企業の人たちは、就活病や失敗過敏症やMNASの名前は知りません（知ってるわけがない）。

　この本の中ではそういう名称で表現をしてきたけれど、もっとシンプルに言えばこういうことです。

　就活病 ＝ まわりに**合わせ**、過去の常識に合わせる。
　失敗過敏症 ＝ 失敗を**ビビっ**て、動きがニブくなる。
　MNAS ＝ **もらう**ばかりで、他者の価値を考えない。

　これを、ひと言で代弁すると「合わせて、ビビって、もらうだけの人は、ちょいとイヤ」なんです、と。
　なので学生のみなさんは、その逆をやればいい。
　普通に「合わせず、ビビらず、与える」人になればいい。
　それだけで十分に、そのへんの学生とは「なんか違うぞ……！？」と印象が変わる。小難しい就活をするよりも、ずっと簡単に「他の学生との違い」も「消去しちゃダメな学生」としてもわからせることができちゃう。

　しかも、これはどれも日常で練習できること。

　ゆ〜たら「**三大疾病**」なんて、**生活習慣病**です。
　さらに三大疾病は、本質的にはあくまでも意識や考え方の問

題。なので、いますぐこの瞬間から変えられるというのもポイントです。

　一般的に就活で大事だと言われる成果や実績、スキルや能力、資格や学歴、どれもこれから手に入れようとしたら、少なくとも数か月、良い大学に入り直そうとしたら数年レベルの時間が必要です。

　けれど、三大疾病を治すのはほんの一瞬。どんなに長くても、この本を読み終わるまでの数時間で済んじゃいます。

　あとは日常的に「基礎力チェック」の内容を普段から意識しておけば、努力もいらない、お金もかからない、時間も大して必要ない。なのに、就活はうまくいく。やったからといって損もしないし、得ばかり。やらない理由が見つからない。

　ここまでの話で、ぼくが伝えたいメッセージはというと、

「非日常の就活」をするよりも
「日常的に社会人」になればいい！

　これまでの人生でやったこともなければ、社会人になってからも使い道のない「非日常の就活」。

　しかも、それをやっている多くの学生が、むしろ不安になったりしんどくなったり、気持ちを削られてる。

　それよりも、「合わせず、ビビらず、与える人」になったほうが、よっぽど「ちゃんとした社会人」です。そしてそれは日常でいくらでもできるはず。

　就活的な就活をすればするほど、社会から外れていくなんて完全なるパラレルワールド！　実在しない世界線！

もちろん学生のみなさんが、いきなり「仕事」のことを考えようとするのは、まあ難しい。

　けれど、常識や他者の言う正解っぽいものに合わせることなく、失敗をビビらず試してみながら、誰かや何かにとっての価値を生み出して与える意識をもつことは、十分できると思うんです。

　これまでにやってきてないことを「新しくできるようになる」んじゃなくて、これまでにやってきたこと、できることをより意識的に、精度を高く、価値を高められるようにしていくだけです。

　しかも、その意識はだいたいの仕事において必要な、基礎中の基礎の部分です。

　就活に焦って不安になって、いきなり変な見栄を張ろうとするよりも、まずは足場を固めていきません？　足場の弱いところでする背伸びは、さすがにちょっと心もとない。

「おもろい人」になるのは、「基礎が大事」だし、それは「日常の練習で鍛えられる（というか慣れる）」し、それだけで「就活おばけ」なんて怖がらずに済むようになります。

　三大疾病は生活習慣病でしかないので、日常生活のちょっとした意識でいつでも治せる。ダメな習慣をなくして、良い習慣を身につければいいだけです。

　他の学生たちが「合わせて、ビビって、もらう人」になってる中で、ちょいと「合わせず、ビビらず、与える人」になるだけで、就活はずっと楽になるはずです。

第 4 章

不安がなくなる！
「三大疾病」
からの脱出

悩んだり迷ったりすると、「どうすればいいんだろう?」に陥っちゃう。
でも、実はけっこう「どうすれば!??」って、
わたわたオロオロしてるだけだったりしません?
大切なのは、ちゃんと具体的に
「じゃあ、こうしてみよう」まで答えを出すことです。
何を、どこまで、いつまでにやるのか。
三大疾病をきっかけに考えてみませんか。

「就活病」の治療法

就活の「目的地」を設定しよう

　就活おばけの正体も見えた、三大疾病の存在も知った。
　さあ、行こう！　楽しい就活の世界へ……！！

　とは言うものの「そろそろ、もうちょっと具体的なことを教えろや！」という意見もあると思います。
　いわゆる就活本としては、むしろ小難しいテクニックはなく、例文もなく「ホントかな？」とも思われかねない。
　当然、ただただ「おもろい学生になればいい」という話ではあるけれど、もうちょっとだけ具体的な就活の対策やテクニックは書いておいたほうがいいですよね。

　ここまで書いてきたように、従来の就活病的な就活は、あまりに高度で複雑で、やらなきゃいけないことが多いから小難しくて、学生は混乱しちゃう。
　もちろん、細かい部分でいろいろな「しんどい要素」はあるけれど、いちばんシンプルに学生たちが疲弊してしまう要因をひと言で表現すると、これだと思うんです。

　「ゴール地点がわからない」

それこそ自己分析やら業界研究やら、インターンシップも
OB 訪問もなんでもかんでもそうだけれど、「どこまでやれば
ええね〜ん！！」って思いません？

「自己分析は何ができるようになったら終われるの？」
「業界研究は何をどこまで研究すればいいの？」
「インターンシップは何ができたらクリアなの？」
「OB 訪問は何を理解できたら止めても大丈夫……？」
「良い自己 PR とそうじゃないのは何の違い？」

　終わりどころがわからない。ゴール地点がわからない。
　この令和の IT 時代に「とりあえずやれ！　数をこなせ！
水なんて飲むな！　ウサギ跳べ！」なんて、昭和の体育会系の
雰囲気が漂ってる。汗の蒸気で視界がボヤける……。

「何ができたら終われるのか」
「何をクリアするためにやってるの？」
「十分やってるつもりだけど、どこまでやれば……！？」

　それがないまま、ひたすらに頑張って、努力をして、量をこ
なしていくのは、そりゃ精神が削られていくに決まってます。

　普通の生活の中でも、目的地を教えられないまま延々と歩か
されたら、ぼくならほんの 1 時間でギブアップします。やだ。
やめたい。しんどい。もうムリっす……！　って。
　それが、いまの就活です。行き先がわからないから、何がど
こまでできているのかも判断できない。その不安がさらに就活
病を悪化させる。

そういう意味で、ぼくが考える「とりあえず、ここを目的地にしましょう。してみませんか？」という提案です。

<ins>自信をもって話せる「25字」をもつこと！</ins>
「自分はこんな人」を伝える25字があればいい。

これがあれば、他のこまごまとした就活テクニックや就活対策なんていらん。いらんいら〜ん！！
これを見つけていくのが就活だし、それ以外の面倒なことは、これをもてるまでは考えなくてええわ〜い！！　というくらい、まずはここを目指してほしいんです。

自己PRの根っこになる「25字」

たとえ相手が社長だろうが、エース社員であろうが、「プロの人事」であろうが、何なら逆に仲の良い友だちの場合でも、初対面のおば……お姉さんであろうが、親戚の人たちであっても関係なく、普通に自信をもって「自分はこんな人」と言える言葉を。そんな25字を見つけ出していきたい。

そもそも就活は「**<ins>自信をもって話せる400字の自己PRができたら、就活の8割は成功したようなもん</ins>**」だと、ぼくは考えています。いけてる自己PRができたら、こっちのもん。
とはいえ、多くの学生にとっては、「400字の自己PR」こそが悩みどころで、それこそ400字もの文章を考えようとすると、従来の就活病的就活のテクニック的なものに惑わされる。言葉選びや構成や、アピールポイントや表現方法まで意識し始めて、どんどん迷路に迷い込む。

何が正解なのか、これで伝わるのかどうか、そもそも伝えたいことはこれだったっけ……？　なんて、わけがわからなくなっていく。

　だからこそその25字。
　それがあるだけで、誰かの正解に合わせようとして恐る恐る話すこともなくなる。しっかりと芯の通った発信や受け応えもできる。なにより自分に合わない「アドバイス」をしてくる人たちの言葉にも振り回されなくなる。
　結果として、「自分の正解」を導き出せるようになる。

　そんな良いことだらけの魔法の言葉が、たったの25字。
　自分でつくれば、誰にも一銭も払うことなく手に入れられちゃうんです（こんな書き方をするから怪しくなる……）。

　就活はそもそも何を伝え、なんで評価されるかといえば、「あなたはどんな人ですか？」でしかありません。企業の人たちはそれを踏まえて「ウチの会社でどんな活躍をしてくれそうかな？」と想像していくわけです。

　それを伝える根っこの部分が、この「25字」。
　もちろん別にぴったり25字である必要はないし、10〜35字くらいまでの差分は気にしなくても大丈夫です。ただ、それくらいの端的な言葉をもっておこうよ、という話だと思ってください（ここで「25字ぴったりに……！？」って考えた人は、まだまだ就活病の気配があるので、気をつけてくださいね）。

悩みを減らす「CCP」の思考法

　なんで「25字」なのかと言うと、それが「コンセプト」に
なるからです。
　就活にかぎらず「コンセプト」は、むちゃくちゃ大事です。
　コンセプトがあるから取捨選択の判断ができる。コンセプト
がないから迷走する。
　ここには「CCP」という考え方があります。

【Concept（コンセプト）】
【Contents（コンテンツ）】
【Promotion（プロモーション）】

　この頭文字をとって、「CCP」です。
　簡単に言うと「コンセプトがないままに、コンテンツ（内容・
エピソード）とプロモーション（表現・伝え方）を考えようと
したら、そりゃ悩むよね」という考え方です。

　たとえば、冷蔵庫の中に「牛肉・ニンジン・もやし・卵」が
あったとして、どの食材を使えばいいだろう？　どう調理すれ
ばいいと思います？
　組み合わせはいろいろあるし、食材ごとに考えたら調理法も
あまりに選択肢がありすぎる。どれだけ食材があっても、ど
んなに調理法を知っていても、「何を作るか」が決まらないと、
食材は選べないし、調理法も決まらない。
　そこで「すき焼きにしよう！」が決まるから、牛肉と卵を選
べる。牛肉を焼いて出汁を加えてから、卵を割って生のままで

つけて食べる、という食材と調理法が決まる。

　もしくは「体調が良くないから、やさしいものを食べたいな」
であれば、ニンジンを千切りするなり擦りおろすなりして、も
やしと溶き卵でおじやを作るかもしれません。牛肉は胃に重た
そうだから使わない。

　作るもの（コンセプト）が決まってこそ、食材（コンテンツ）
と調理法（プロモーション）が決まる。
　コンセプトが決まってないのに、先にコンテンツの選択やプ
ロモーションの方法を考えようとすると、優先順位も判断基準
もわかりません。

　恋愛テクニックなんかも同じです。
　ネットや雑誌に書いてある「これで意中の彼女もイチコロ！」
みたいな、高級フレンチだワインの知識だ、重い荷物は持って
あげて、さりげなく車道側を歩いたらイチコロ！　なんて、「そ
んなんでイチコロじゃないわい！！」って女性は、いくらでも
いるはず。

　映画を撮るにも「有名俳優を５人くらい起用しとけば売れる
やろ！」なんて作り方はするわけないし、プロスポーツでもた
だただスター選手を集めて、最近流行りの戦術を導入したら常
勝チームになれるなんてこともありません。旅行でも、行き先
が決まるから、荷物や交通手段を選んでいける。

　これまでの就活って、どうにもそういう「コンテンツとプロ
モーション」に寄りすぎちゃってます。

コンテンツ＝「リーダー経験やボランティア、成果を出した経験やスキルを伝えられるエピソードを盛り込みましょう！」

プロモーション＝「文章は常に起承転結を意識して、数字や固有名詞を使って、面接ではマナーも大事で話し方はこうしましょう！」

みなさんが漠然と「優秀な学生」っぽいものを共有してるつもりになってるけれど、企業と学生と就活商人では、それぞれイメージしているものは違います。

そうやって、コンセプトがないままに、コンテンツやプロモーションを考えようとするから、「世間ではこれがいいと言われてるらしいよ？」のいろんな意見に振り回されて、余計に悩みスパイラルに入っていく。そんな未来が確定してる。就活病まっしぐら。

人それぞれの伝えたいメッセージ（コンセプト）は違うはずだし、それによって、使うべきコンテンツや採るべきプロモーション方法が変わるのは当たり前です。

▌すべてのヒントは過去の 20 年に ◀

自分は「どんな人（コンセプト）」だと伝えたい？

就活ってあまりにも情報が多すぎるから、選ぶ目をもつことが必要です。全部を取り入れて混迷してしまわないように、いちばんシンプルな判断軸を、とりあえず「25字」にしてもっておきたい。もっておきませんか？

その「25字」を導き出すヒントはぜ〜んぶ、過去の20数年

間の人生の中にあります。

　自分では普通に当たり前に、もしくはそれなりに頑張ったり迷ったりしながらすごしてきた過去の中に、絶対的に確実に「自信をもって伝えられる25字」のヒントが転がっています。

　別に成果や実績につながってなくても、いいんです。そんなのいら〜ん。

　自分の熱が上がる瞬間に注目して、その傾向や特徴を踏まえて、人とはちょっと違う思考や志向や動き方を言葉で整理して、誰かにとっての価値になりそうな部分を意識しながら「25字」にまとめれば、それが「コンセプト」になります（具体的な方法は、5章以降で説明します）。

　就活って、この「25字」を考えて、自分で納得できる言葉を探しながら、相手に伝わるように更新していく活動です。それを相手に伝わる言葉にチューニングしていくだけの話。

　もちろん、現段階でいきなり「これしかありえない！」なんて25字が降りてくることはないし、見つかるわけがありません。ひとつじゃなきゃいけないわけでもないし、とりあえず考えたものを話してみて、反応を見ながらどんどん修正していけばいいんです。（思い出そう！　失敗過敏症！！）

　大事なのは、なによりコンセプト。
　そのための「25字」！！！

　ゴール地点やクリア条件のわからない就活に縛られてしまったら迷宮入りは必至です。ヒントがなければ、古畑さんもコナ

ンくんも解明できない。

　どんなときでも、誰に対してでも、どんなシチュエーションだとしても、同じように自信をもって言える「自分はこんな人なんス！」の25字をもつことを、いったん就活の目標にしてみてください。

　就活に正解があるわけじゃなくて、**自分が伝えていく言葉を「正解」だと思わせる**んです。そのための25字。

　小難しい就活は、そのあとで大丈夫。むしろ、そこが決まらないままに迷い彷徨ってしまうから、就活はしんどくなっていく。とりあえず！　現段階では！　まだ甘い！　けどいまはこれで！　くらいから始めればいいので、自分の25字を探しましょ。

　その25字を、いろんな人に投げてみながら修正して、相手から「なるほど〜！」「たしかに！」の言葉を引き出せた瞬間を楽しみにしながら、やってみましょう。

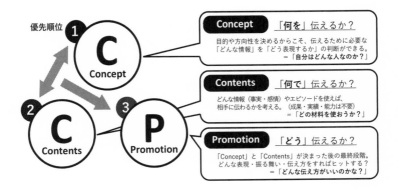

優先順位

Concept 「何を」伝えるか？
目的や方向性を決めるからこそ、伝えるために必要な「どんな情報」を「どう表現するか」の判断ができる。
= 「自分はどんな人なのか？」

Contents 「何で」伝えるか？
どんな情報（事実・感情）やエピソードを使えば、相手に伝わるかを考える。（成果・実績・能力は不要）
= 「どの材料を使おうか？」

Promotion 「どう」伝えるか？
「Concept」と「Contents」が決まった後の最終段階。どんな表現・振る舞い・伝え方をすればヒットする？
= 「どんな伝え方がいいのかな？」

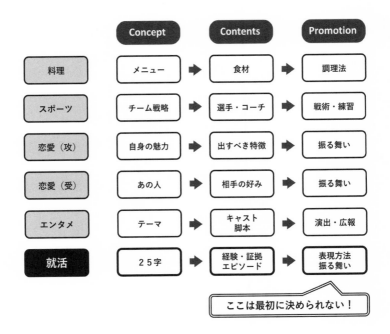

	Concept	Contents	Promotion
料理	メニュー	食材	調理法
スポーツ	チーム戦略	選手・コーチ	戦術・練習
恋愛（攻）	自身の魅力	出すべき特徴	振る舞い
恋愛（受）	あの人	相手の好み	振る舞い
エンタメ	テーマ	キャスト 脚本	演出・広報
就活	２５字	経験・証拠 エピソード	表現方法 振る舞い

ここは最初に決められない！

「失敗過敏症」の治療法

企業も学生にビビってる

　あえて言おう！！
　企業はノラ犬と同じである！　と！！
（ああ……どこかで誰かに怒られる……）

　これが、失敗過敏症から抜け出すための心構え。

　いや、いろいろ誤解は招くだろうけれど、学生のみなさんは
それくらいに思ってみちゃってもいいんじゃない？　という意
味で、あえてこう書きます（ゆ〜ても、最近はノラ犬なんて目
にしない……）。

　何かというと、「怖がるほど攻められるし、あえて攻めてみ
たら思ってるほど怖くないよ」という話です。
　学生たちからすると、社会人が怖そうに見えることもあるだ
ろうけれど、こっちが怖がっているから、どんどんそう見えて
くる。おばけが怖くなるのと同じだし、吠えてくる犬も同じです。

　企業の人たちは、一緒に働く人を探してるだけです。
　学生にとっては見定められ、厳しい目を向けられているよう

に感じるかもしれないけれど、彼らの本音は「仲良くなれそうな人は、いるかな〜」で向き合っているんです。すでに矢印は学生への興味に向かってる。

で、ありながら！　学生は失敗を恐れて及び腰……。

ほら、思い出してください。
第2章で書いた「企業だって悩んでる」という話。
企業の人たちだって彼らは彼らで、面接でもやっぱり不安になったり悩んだりしています。

「どこまでなら聞いても大丈夫かな？」
「ここまで突っ込んで聞いたら、緊張しちゃうかな？」
「もっと自然に話せる雰囲気にしたいのに……」

って、むっちゃ気を遣ってます。
本当の「プロの人事」ほど気を遣うし、初期の面接を担当する人たちは、普段は多くが別の現場で働いている社員たち。だから、むしろ「次は何を聞けばいいんだろう」とか「ここから話を広げるには……」ってまじめな顔して迷ってる。
一方で、もしそんなことを気にせずズケズケとエラそうに話す人たちがいたら、それは昭和気質が抜けてないだけなので、なおさら気にしなくていい。

採用の現場だけじゃなく、いまの時代のおじさんたちは若い人との接し方に、むちゃくちゃビビっています。まともな会社や人であるほど、若い人たちとの接し方に気を遣う。それはそれは、ときにはかわいそうとさえ思うくらいに……。

たとえば、大手の広告代理店。ひと昔前（というか数年前）まで、若手は革靴や花瓶で酒を飲み、ネクタイや陰毛を燃やして盛り上げ、殴る蹴るは当たり前。先輩が噛んだガムを食べるのも日常でした（ぜんぶ実話）。

　当然、勤務時間に限界はなく、金曜の夜に投げられた仕事を翌日（月曜じゃなくて土曜）に仕上げなければ、数千万円の契約が飛ぶこともあります。

　それがいまでは、ぜんぜん違う。

　辞めないように傷つかないように、恐る恐る接してる。

「お前」とか「やる気あんのか」「はよやれや！」なんて、以前みたいに言えません。いかに傷まないようにするか、やさしく丁寧に温室栽培。

　時代に合わせて変わらなくちゃ、若い社員が減っていく。さすが時代の空気を読んで合わせる広告代理店！！（もちろんいまでもいくつかは……以下自粛）

　ぼくが新卒で入った会社も、当時は朝9時ぴったりに営業電話をしていないと「受話器をガムテープで手に固定したろか！？」と言われ、商談中に資料を出すタイミングがズレたら机の下で蹴られ、残業は毎月130時間（繁忙期は200時間）を超えてました。

　なのに、いまではそんなの一切ないそうです。社員同士どころか創業会長や社長までもが、社員に「さん」付けするくらいに変わってる。やさしい会社。

　※念のために書いておきますが、ぼくはず〜っと楽しく働いてたし、そこでの経験がなかったらいまの自分はないので、むちゃくちゃ恩を感じています。

実は「ガクチカ」も企業の配慮?

　社会の変化とともに、企業も変わっています。

　社員に対してですらそうなんだから、言論統制が効くはずもない学生に対する採用面接なんて、気の遣い方のレベルが違うのは当たり前です。

　学生のみなさんが日常生活で心配するのと同じように、というかそれ以上に、企業の「コンプラ案件」は、いつでもすぐにSNSで広がります。

　会話でイジっただけのつもりがパワハラ案件、肩に手をおいたらセクハラ案件。面接で「彼氏（彼女）いるの?」なんて聞くわけがなく、企業の人たちだって恐る恐る。

　面接だって、いまどき圧迫面接なんてしないどころか、詳しく聞くために質問を重ねることさえ「圧迫……!!」なんて思われる可能性があるから、深く聞くにもスキルがいる。

　会社の責任を負っている人事や面接担当者が、どれほど学生の感情や反応に敏感になってるか……。むしろ学生はわかってあげましょう。（もちろん論外の会社は、どんどん切ってあげましょう!）

　そういう背景を考えると、就活の中で学生たちが苦悩する「ガクチカ」や「挫折経験」「成果を出した経験」だって、企業の気遣いに見えます。

　だって本質的には、企業は「あなたはどんな人ですか?」だけを聞けばいい。

それを聞いた上で普通に会話をしていく中で、お互いに理解を共有したり、ズレを修正したり、理解を深め合ったり、と伝えることを伝えられれば良かったはずなんです。

　けれど、学生たちは失敗を恐れて、マニュアル的な答えをする人たちが多くなってる。突っ込んだ質問をするほどマニュアルからズレるのか、返答が曖昧になっていく。
　質問を重ねるほど、学生は悪意や圧迫のように感じるようで、学生たちの緊張、不安な表情がかえって心に突き刺さる……。

　だから「分野やジャンルを絞って、学生がもっと話しやすい状態をつくってあげなきゃ」「もっと学生が答えやすいように配慮しよう」って、企業が気を遣った結果、いまの「定番質問」ができてきたように、ぼくには見えます。
　他の会社も同じように聞くはずだから、そこだけならちゃんと練れるよね、練っておいてね、って。

　そうやって、お互いが「どう思われるかな？」と心配しながら恐る恐るの会話が、面接の現場のそこかしこで起きている。

「素直になれずにすれ違う」なんて、まるで少女マンガの世界。
　どっちもモジモジしたり、カッコつけたり、気にしすぎて踏み込めない状況が続けば、そりゃ物語は動き出しません。
　マンガの世界ならエンタメになるけれど、みなさんの現実はさっさと言っちゃうほうが、良いことが起きやすいはず。

　なので……。
　いっちゃえ！　壁ドン！（物理的にではないですよ）

┃さっさと10回失敗してみよう◀

　自分なりに考えて、失敗を怖がらずに動ける人のほうが傍から見てても、本人としてもおもろいはず。

　言われたことを恐る恐るやるよりも、失敗しながら動く人のほうが、チャンスが増える。育てる側としても、自転車を練習する前に何十冊の本や何百もの動画を見る人よりも、さっさと10回失敗する（＝トライする）人に期待したい。

　学生のみなさんが思っているほど、就活のハードルは高くありません。

　細かいことを調べて、知っているフリ、できるフリをする人よりも、失敗を怖がらずに動く人のほうがいいし、やってみながら自分で考えられる人があまりにも稀少、ニホンウナギくらいの絶滅危惧種です。

　そして何より、学生にとっては就活や面接の「失敗」なんて何も失わないどころか、「ビビらずどんどんやってみる」ことがちゃんと許容・評価される環境です。みなさんが思っているよりも、社会はずっと広い。

　誤差レベルの失敗なんて怖がらなくていいし、ビビらず試して自分の答えを探すなんて、日常的にできること。

「怖がり、痛がり、失敗怖い」の学生だらけだからこそ、かすり傷くらい怖がらないで、どんどん失敗しながら動きつつ学べる人こそが、企業から求められてますよ～。

「MNAS」の治療法

いちばん簡単な就活対策

「もらい慣れ、与え知らず」のMNAS。

これまでの就活病的な就活アドバイスでも「社会に価値を」という言い方はされてきたけれど、就活病の学生たちは想像するにも知識がない、高く大きなレベルで考えようとしちゃいがち。だけど、いらんいらん、そんなのいら〜ん！　のです。

そんなレベルの話じゃありません。
まずは日常からやってみませんか〜？　なんです。

三大疾病の中でも、いちばん簡単かつ就活でも有効なのが、このMNASからの脱却です。
というのも、他のふたつの病気と比べると、MNASは自分で治療しやすい上に、抜け出せているかどうかがちゃんと自分で確認できる。「あ〜治ってきてるわ〜」をしっかり実感できるのが大きく違う点です。

就活病は、まわりの友だちまでもが就活病だらけだと、やっぱりそっちに引っ張られます。

マナーや成果や「ワタクシは！」とか業界研究なんて部分ですら、そこから抜け出すことを不安に感じたりする。就活病が完治した学生を見ることも少ないから、「治った状態」も判断しにくい。

　失敗過敏症も、この時代に生きてこれまで何年間も感染したままだと、「失敗を避けようとしている自分」にすら気づかないほどに麻痺してる。ちょっとした発言、アルバイトの先輩からの指摘、SNSでの振る舞い……。日常的に気づかないうちに怖がってる。

　そういう「マイナスが生まれている」ことを認識したり、そうならないように動こうよ、というのが前者のふたつ、就活病と失敗過敏症の治し方でした。

　それと比べて、MNASは簡単です。

　治療法も予防法も、どれくらい抜け出せているのかの確認も、とってもわかりやすい。他のふたつのように「できていない」ことで考えるんじゃなくて、「できてる」ことで確認できるからです。

　しかもそれは、就活が始まってからじゃなくても、日常的に判断できる。さらにはここまで書いてきたように、社会のどの場面でも使えるし、どんな業界・職種でも欠かせない、むちゃくちゃ基礎的かつ有効有用な方法です。

　そんなMNAS、治しておかない手はありません。

　いつやるの！？　……いつかな？

┃脱 MNAS は日常でできる◀

　日常的に何をすれば MNAS から脱却できるか、といえば、ただただシンプル。

「人に喜んでもらおう」です。

　ほら〜！！　また出た！　なんてバカみたいなこと！！　小学校の学級会じゃね〜んだよう！　もっと就活に役立つこと言えや！！　この本、買った金かえせ！！

　……って、読んでくれてる人たちの声が聞こえてきます。ごめんなさい。本当にバカみたいなことを言ってごめんなさい、申し訳ありませんすみません。
　でもね、やっぱりぼくはどこまで何を言われても、やっぱりこれは伝えたいところ。言わなきゃいけない。ここは逃げちゃダメだ、と。

　だってですね……。
「ホントにできてる？　やってる？」

　日常的に、誰かを喜ばせてる？　誰を？　どうやって？　たとえば？　今日は誰に喜んでもらえた？　じゃあ、どういう人なら得意でどういうやり方は苦手？　もっと喜んでもらえる方法は？　その方法はいくつくらいある？　他には？　今日のSNS投稿やコメントで、誰が喜んでくれたんだろう？　もっと喜んでもらえるために、どんな練習、思考、インプット＆ア

ウトプットをしてみた？　していく？　できてる？　まじで？

　……できてます？　か？

　いや、もちろんできてるなら本当に素晴らしいことだし、できているなら、あとはちょちょいと言葉で整理して、そのまま話せば就活くらいよゆ～です。「あれ？　この程度で大丈夫なんすか？」ってくらいに簡単。即内定。そんな学生なんて、あまりに稀少すぎるので価値が高いに決まってる。

　一方で、「そんなバカみたいなこと」と思う人もいるのは重々承知した上で、やっぱりぼくは「ホントにできてる？　まじで？」と、あえて改めて聞きたいし、考えてみてほしいんです。

　多くの就活対策やテクニックや方法論って、やっぱりどうしても「就活の場」で使うためのものだらけ。ということは、それらのほとんどが、日常では練習や確認ができる場が少ないということ。
　だからそれを「就活相談」という名目で、そういうシチュエーションを前提として、それっぽい社会人たちが「就活の場だとしたら……」の内容を、それっぽく教えてくれる（けど、それが本当に就活の場で役立ったかどうかには、彼らは責任をもってくれません）。

　なので、「それは社会人になってからも使えるの？　必要なのん？」という視点が大事です。

　こんな「バカみたいなこと」でありつつ、それができてるな

ら、そこに自信をもっていこう。「この程度でええの？」と。

　普段から普通にやっている人なら、就活だからといって新た
に難しいことをやろうとしなくて大丈夫。いまのままで十分に、
活躍が期待できる社会人候補です。

　ただ、もしこれができてないままにスキルや実績やKPIや
らアジェンダやらロジカルなシンキングでPDCAを回しても、
そりゃ違うかもよ？　いったん踏みとどまってもいいかもよ、
と一度考えてみてほしいんです。

　目の前の人を喜ばせる意識があってこそ、MAUを最大化す
るOKRにコミットしてピラミッドなストラクチャって、フェ
ルミさんの推定をすることに意味が生まれるんじゃないかな、
と。

　たとえばアルバイトをしていても、飲食店やコンビニの接客
で、目を合わせてお礼を言われたときって、うれしくないです
か？　目も合わせず、小銭を投げるように置く人って、どうだ
ろう。

　終業後に先輩や同僚から「今日のあの接客よかったね〜」っ
て言われるだけで、ちょいとほっこりしませんか？

　SNSメッセージでも「了解！」だけより、ちょっとした感
謝やねぎらい的なひと言があるだけで、印象は変わるはず。

　そういうとこじゃない！？　と。

　そういう「やってもらったらうれしいこと、普段から誰かに
対してやってる？」というだけの話です。それをできているか
どうか、確認するための「基礎力チェック」なんです。

自分という素材を使って、日常的に人を喜ばせることを試しながら、少しずつ上達していけばいい。

　友だちやコンビニの店員さんや、親でも恋人でも、ネットの向こうの誰かでも、社会で困る誰かでも、対象は誰でも良くて、自分の特性を「人が喜ぶ」ところに使えばいいし、そっちに矢印が向いてるほうが、そりゃ「どうせ自分なんて……」とか「自分は何もできてない」になることは減るはずです。だって日々日常で、できてる実感が得られるんだもん。

　それをどのレベルで設定するか、だけです。途上国の子どもたち！　もあるだろうし、困っているシングルマザーや障がい者かもしれません。視座も視野も人それぞれ。とはいえ何より、「足元、固めてからじゃない？」でありつつ、足元と目先を両立できるのが何よりですよね。

　社会では、人を喜ばせるから対価が得られる（「対価」は、お金にかぎらずいろんなものを含みます）。

　んで、それを意識してる人と、そうじゃない人がいる。上手な人と、下手っぴな人もいます。

　三大疾病の前者のふたつよりも、このMNASはいちばん簡単に治せる病気です。「治った確認」もただただ簡単。誰かが喜んでくれてるかどうか、喜ばせられたかどうかだけでいい。そこにはスキルも実績も、学歴も資格もいりません。

　とってもシンプルでありながら、社会の本質！！　だから目指そう、脱MNAS！

「三大疾病」の症状と治療法

就活病

「就活っぽいこと」に合わせなきゃ内定がとれないという
強迫観念に縛られて、高度で複雑な方法ができることが
「常識」だと思い込み、それに合わせようと自分を偽って、
表面的かつ昭和的な「できるフリ」をすることこそが評価
につながるという幻覚に惑わされる病気。

【対策・治療】
就活の「しきたりやルール」は就活商人が言ってるだけ。
まわりに合わせて、マニュアルに合わせるのをやめて、
誰に対しても自信をもって話せる「25字」を見つけよう。

失敗過敏症

「こんなことしていいのかな……？」「こうしたら何か
言われるかも」「やってみてもこうなったらヤダな……」
と過剰に失敗に敏感になり、試すこともできず、意見を
言えなくなって、やりたいことができなくなる病気。

【対策・治療】
企業の人たちも、学生たちにおそるおそる接してます。
変に怖がったりせずに、どんどん試して失敗しながら、
自分なりの正解を探していきましょう。

MNAS

他者や社会から「もらってること」に気づかないまま、
「もらうこと」に慣れてしまって、自分が他者や社会に
「与える・返す」ことへの意識がなくなり、自分の欲求や
満足や都合を優先してしまうことが当たり前になる病気。

【対策・治療】
日常的に「誰かを喜ばせる」ことを意識しよう。ってか、
実践しましょう。難しいことや高度なことじゃなくて
大丈夫。できるところから始めましょう。

> 第 5 章 <

印象が劇的に
変わる!
5つの武器で
おばけ退治

そろそろ、ちょっとは「就活怖い」の呪縛から
抜け出せてきましたか? みなさんが考えているより、
就活はずっとシンプル。就活なんて、こわくない。
すごいこと、誇れること、自慢できることなんていりません。
これから説明する「5つのこと」だけ、日常生活の中で
やっておけば大丈夫。さっさと一気に踏み出そう!

「+5」の
「日常の五ヶ条」

▌「おもろい学生」に共通するもの ◀

　三大疾病を治しておくだけで、就活おばけの幻想に怯え続ける日々から抜け出せる。就活おばけ、こわくない。

　んで。
　三大疾病から抜け出せたら、次にやるのは、体力づくり！

　普通の病気と同じです。
　日々の行動を振り返って、症状と原因を知った上で治していく。あとは再発しないように日々の生活を変えていく。
　何ならこれまで以上の健康体になるように、きたるべき日に活躍できるくらいにしておきたい。
　病気にかからない心と身体を！　かかってもすぐに回復できる状態を！　できれば人よりちょっと有利な体力を！

　基本的には、メンタルの状態と日常のちょっとした習慣が、三大疾病の感染確率を左右するということが明らかにされています（みつしろ調べ）。

　日々の習慣は、むちゃくちゃ大事です。

それこそ２章や３章でも「企業は学生の"素の状態"を知りたがっている」と書きました。それはもちろん事実です。

　ただ、そこで多くの学生が想像する「素の状態」は、企業が期待しているものとはズレがある。
　現状のままで「素」を出そうとすると、「企画や広報とかクリエイティブな仕事がいいし、できれば楽して稼ぎたい。福利厚生はちゃんとしてほしいし、転勤はないほうが……。上司や先輩は厳しすぎたらちょっとイヤ、取引先ともフランクな関係だといいなぁ」となったりします（あくまでも、たとえばの話です）。

　それは、わかる。わかります。
　そういう気持ちも十分わかる。けれど、ここまで読んでくれたみなさんには、やっぱり「日常的に社会人」として習慣づいた素を出していけるようになってほしい。
　そんな「素の状態」で、ちゃんと社会人として評価を得るための日常の習慣のコツを、この章では説明していきます。

　控えめに言っても、即席の就活対策やテクニックなんかより、７倍くらい役に立ちます。

　名づけて「カンタン差別化！　これだけ就活対策！」
　そんな日々の習慣のコツが「＋５」であるところの「日常の五ヶ条」です。
　三大疾病を治したら、あとは５つのことを意識しながら日々をすごすだけ。それだけで就活のハードルがどんどん下がっていきます（正確には、すでに下がりまくっているハードルを簡

単に跳び越えられる地力がつきます）。

　この５つの武器があれば、就活おばけは逃げていく。
　他の学生とは、ぜんぜん違う評価を得られるようになる。自
己分析やら業界研究やら、苦行のような就活が嘘だったかのよ
うに、明るい未来が待っている！！
　……って、まるで宗教勧誘か○研ゼミかというくらいに「毎
日たったこれだけで、みるみる効果が！？」みたいな話だけれ
ど、ぼくは壺もハンコも高価な水も売らないし、この本のお金
以外は受け取らないので心配しないでくださいね。

　企業が学生を「おもろい！？　……やん！！！」と思う要素
は、そんなに多くないし小難しくもありません。こまごまとし
たスキルやテクニックや、ましてや実績なんか必要ないくらい
にシンプルな話。それは、たったの５つだけ。

　三大疾病を治したみなさんに、もったいぶらずにさっさと言
うと、この５つ。

　１．熱量
　２．愛嬌
　３．言葉
　４．キャラ
　５．相場観

これまた就活ではあんまり聞かないキーワードだらけ。
　でありながら。……いや、だからこそ、他の多くの学生たち
が気づいていないので、これを身につけるだけで絶対的ブルー

オーシャン！！　無人の海水浴場！　誰も来ることのない漁場なんです。もはや入れ食いモードです。

　自分でも相変わらず、本当にシンプルすぎるとは思っています。ぜんぜん難しくなさそうだから、逆に役に立たなそうだと思われちゃいそう。
　とはいえ、ここまで読んでくれたみなさんを信じつつ、ぼくを信じてくれる人の期待に応えていくために、ぼくもビビらず伝えていきますね。

　この５つの優先順位は、順番どおりです。
「1.熱量」から始めて、徐々に「5.相場観」に向かっていく。
　ここまで「基礎からやろう」で「基礎なくして応用なし」と言ってきたように、簡単なところから始めて、徐々にレベルを上げていくのが基本のやり方です。
　前者であるほど簡単かつ大事な部分で、積み上げながら後者に移行していきましょう。

　ここで書いている５つは、あくまでも就活に有効な「日常の五ヶ条」でありながら、社会人になってからも、それぞれの項目が大事なのは変わりません。
　この５項目をそれぞれレベルアップしていくことで「おもろい学生」になっていく。社会人としても活躍できる。それを、ひとつずつ説明していきますね。

「熱量」こそが すべての源泉

いちばん大事な動力源

たとえば高性能なパソコンを手に入れたとしましょう。もしくは最先端の自動運転車でも、何ならエヴァンゲリオンやドラえもんでも、スモールライトでもなんでもいいです。

どれも上手に使えば、楽しいことができそうです。

ただですね、実はどれも動かない……としたら？
パソコンも自動車も電池がすぐ切れる。エヴァは家庭用コンセントでいいの？　ドラえもんって原子力じゃなかったの？スモールライトは普通の電池で大丈夫？
どんなに高性能な機能があっても、そもそもエネルギーが切れてたら使いようがありません。パソコンも車もエヴァもドラさんも、動力源がなかったら、ただの置物。

就活でも同じことです。
どんなに優秀そうな経歴でもすごいスキルや資格があっても、熱量がなかったら動いてくれなさそう。動く仕組み以前に、スイッチがどこにあるかわからないと、どこまで信用できるのかが見えにくい気がしませんか。

だからこそ、何をおいてもこれなんです。

第一条
『「熱量」をもって動き出そう』

　就活病も失敗過敏症も、どちらも「熱を奪う病気」です。

　熱が失われるだけで動けない。逆に言えば、就活でこれを失っている学生だらけだから、企業の人たちの評価軸が「まずはここを確認しておかなくちゃ」になっている（あんまり細かい話はしませんが、企業の人たちがよく言う「ストレス耐性」だって、まさにこれです）。

　熱量、エネルギー、意欲、やる気、欲求、動機……。

　就活において、というか社会人として働いていく上で、というか普通に日常をすごす中でも、「おもろい人」に共通するものだし、人や社会に影響を与える人たちが必ずもっているものが「熱量」です。

　何かしらで活躍している人は、みんな熱量がある。

　仕事ができる社会人、プロのアスリート、マンガや映画の主人公。それが外側に見えるほどに出ているかどうかは別として、やっぱり熱があって、その熱こそが見ているぼくらの心さえも動かします。

　別に根性論や精神論の話ではありません。

　単純に、熱量が低い人よりも熱量が高い人のほうが「おもろそう」。そして、三大疾病におかされて、それっぽい話をしている学生からは、熱量を感じにくい。面接ではもちろん、ES

の文章でも何やら熱量っぽいものを書いているようにも見える
けど、どうにも嘘くさく感じてしまう。見る人からすれば、心
の底から言っていなさそうなのがわかっちゃう。

　そういう意味で、まずは熱量をしっかり出していきたい。

　……とは言いつつ、本当は「自信」って言いたいんです。
　五ヶ条の第一条は「自信を育てること！」って。

　ただ、それこそ「自信を育てよう！」なんてアドバイスだと、
言われた側はどうしていいかわからない。ここでは、あくまで
も「誰でもすぐに実践できること」を伝えていきたい。だから、
最初の一歩として「熱量」と言っています。

　じゃあ、なんで「本当は自信」なのか……。

▎社会の基本ルールは「信用」◀

　もともとぼくが学生に何年も伝え続けてきたことは、「他者
からの信用を得よう」でした。

　信用を得るから、対価がもらえる。年収1000万円の社員が
いるのも、それ以上の価値を出してくれるという信用があるか
ら。
　同じ会社で同じ商品を扱ってるのに、売れる人とそうじゃな
い人がいるのも、相手からの信用を得られているかどうかの差。
　プロアスリートが何十億円の年俸なのも、それだけファンや
チームメイトや監督や球団幹部からの信用があるからです。
　むっちゃお金をかけてる飲食店でも流行らない店と、どんな

に汚くても流行ってる店があるのも、信用に応えられてるかどうかの違い。

　世の中ぜんぶ、信用です。

就活も社会も「信用を得る」ことがクリア条件。

　どんなに能力があっても「信用できそうにない」だけで、全部チャラ。逆にいまはまだまだ足りないと思われても、これからの成長に期待ができて「信用できそう」なら任せてみたいと思うこともある。

　同じ言葉を発していても、信用してる人の話は素直に聞けるけど、信用できない人ではどうにも疑念も生まれちゃう……。そういうものです。

　別に企業の人たちは、表面的な肩書きや成果や実績で信用するわけじゃありません。

　むしろそんなものを信じて、過去に裏切られた経験を何度もしている彼らは惑わされない。そう簡単には信じない。彼らは口だけの証明や約束を信じては、何度も裏切られてきたために、しつこいまでに確認することが習慣として染みついてしまった人たち。

　彼らは疑うことを前提にしているんじゃなくて、心の底から学生を信用したいんです。

　ESを読んでいても、面接をしていても、いつも期待と不安の混じり合った中で、考えてる。

「ホントのことを喋ってくれてるのかな？」
「その言葉、信じていいのかな……？」

「自分が理解した人物像で、まちがってないかな？」
「これからうちで活躍してくれるかな？」
「こんな社員になってくれるかも！　くれるかな……？」

　彼らはそんな思いを抱きながら、学生と接しています。
　信用できれば一緒に働きたいし、そりゃ面接も通過させたい。なのに学生は、就活病で失敗過敏症でMNASだから、信用したいのにしきれない……。ホントの姿を見せてよ！　って。

　だから、三大疾病を治した姿を見せてあげればいい。それで信用を得ればいい。信用こそすべて。
　そんな話を、ぼくはこれまで学生たちに伝えてきました。

　ただ、ここ数年の間に、どうにも何か違うぞ……？　と。
　学生たちと話していて「人からの信用を得る前に、そもそも自分を信用しきれてない人も増えているのかも……？」と感じることが増えてきました。

　自分を信用しきれていない、つまり「自信がない」。

　自信がないと、どうにもネガティブスパイラルに入りやすくなっちゃいます。ネットや噂やらの情報に触れて、これまで以上に「自分はできていない」「もしかしてこう思われるかも？」「どうするのが正解なんだろう」「失敗したくない……」って、自分を削っていく。
　自信のなさは、余裕のなさにつながります。余裕がなくなると、精神的にも追い込まれていく。まるでアリ地獄。

┃「できた確認」で自信を育てる◄

　自信って、人からの評価で育つものです。

　現時点で自信をもっている学生は、これまでにお勉強だったり、スポーツだったり、外見の良し悪しだったりで、人からの評価を得てきてる。そういう学校の世界では、わかりやすい評価軸があったから、努力の仕方もわかりやすい。

　そして、ここまでのキーワード、「熱量」「自信」「信用」を考えてみると、大きく３つのサイクルがありそうです。

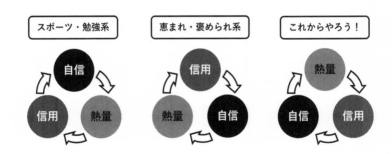

　これまで勉強やスポーツなどで評価を得てきた人は、「自信→熱量→信用」のサイクルに慣れている。もしくは、小さい頃から褒めて認めてくれる親や周囲に恵まれてきた人や、外見などで評価を得てきた人なら「信用→自信→熱量」のサイクルになっていそう。

　これまでの人生で、そうやって信用や自信をもっている人は、

そのままそのサイクルを大きくしていけばいい。

　そのどちらでもなく、就活に際して自信や熱量が下がってしまう人たちにとっていちばんのリハビリは、「ちょっとした熱量」からスタートしてみること。

　そして、MNAS 治療法のところでも書いたように、その熱を誰かが喜ぶことに向けてみる。それによって、ちょっとした信用を得て、自信につなげていく。

　そんな「熱量→信用→自信」の流れが、いちばん自然にできる、はじめの一歩。

　自分がちょっとした熱をもって、誰かが良い状態になるように働きかける。それってたぶんうれしいことだし、おもろいことが起きます。自分の働きかけで、相手に何かが生まれる感覚。

　人をちょっとでも喜ばせられた（信用）という自己効力感の積み重ねが自信になるし、さらに熱量もちょっとずつ上がっていく、というサイクルが回っていく。

　これからのリアルな社会は、単純に「信用を得ればいい」。そういうゲームです。しかも、そのやり方や手段やツールは、何を使っても OK。制限はありません。正解はないし、自由でいい。

　だからこそ、変に小難しくてレベルが高そうな情報に触れすぎて「まだまだ自分は……」なんて思わないでください。「できていない確認」なんて、すればするほど、熱も自信も奪われちゃう。それよりも、ちょっとした熱をもって日常の中で誰かに少しだけ良い影響を与えてみて、その「できた確認」をしていくことのほうが、ずっと自信につながり、次の熱につながっていくはずです。

それこそ「基礎力チェック」は、そういうことです。

　友だちの「誕生日のサプライズ」ですら、まだまだ大きすぎるくらい。お店で店員さんにちょっとした声をかける。LINEやTwitter、インスタでの返信にちょっとしたひと言を付け加える。感謝やねぎらい、配慮や褒め言葉を少しずつでも伝えてみる。

　これって、学生のみなさんが想像しているよりもずっと、できている学生は少ないです。

　そして、社会人の仕事ができる人は、そういうバカみたいに基礎のところもできてる人だらけ。彼らはそうやって、人からの信用を獲得しています。熱量から信用へ、信用から自信へ、そこから熱量へとサイクルが回っていきます。

「自信」は大きく4種類。

　・自信がない（なさそうな）人
　・自信があるフリをしてる人
　・過剰な自信をもってる人
　・適切な自信をもってる人

　さてさて、どれを選びます？
　熱量と自信はむっちゃ大事です。
　すべての動力源。就活にかぎらず、仕事にかぎらず、楽しい人生をすごしていく上で、まずは熱量から始めて、ちょっとした「できた確認」をしながら自信を育てていきましょう。

誰でも使える
強い武器「愛嬌」

対応ひとつで得する人、損する人

　日常の「五ヶ条」のふたつめを説明する前に、ちょっと質問させてください。

　みなさん、アルバイトをしたことありますか？
　飲食店やコンビニ、他の仕事でも、人とかかわる仕事であれば何でもいいです。そんなアルバイトをしていて、お客さんの態度によって対応を変えたことってありません？

　たとえば飲食店で、あるお客さんから「おい！」と呼ばれて、そのお客さんはメニューを見ながら「唐揚げ！　枝豆、あと生で！」って言うんです。
　一方、もう１人は「すいませ〜ん！　あ、すいません忙しいとこ〜。唐揚げと枝豆と生、いいですか？　急がなくて大丈夫です。お願いします。ありがとう〜」と言う。

　こんな２人のお客さんがいて、ちょっと対応が変わっちゃったことってありませんか？
　いや、まじめで素直なみなさんなら、そんなことはないかもしれないけれど、ぼくなら前者のお客さんには「ビールの泡

ちょっと多いけど……ま、いいか！」と思っちゃう。

　枝豆だって生煮えで出したるわい、なんてことは思わないまでも「あんまりかかわりたくないな」くらいは思います。

　何かと言うと、「細かいことや小難しいことに関係なく、こんな簡単なことで印象は変わるよね」ということです。

　これが日常の「五ヶ条」のふたつめです。

第二条
『誰でも使える強い武器！　なのに盲点「愛嬌」』

　この２人の違いなんて、ほんのちょっとしたこと。スキルや能力なんて関係ない。ただただ小学生からおじいちゃんまで、誰でもやろうと思えば誰でもできる普通の配慮。

　なのに、やる人とやらない人がいる。それだけで相手に与える印象は、ぜんぜん変わります。

　五ヶ条のひとつめ「熱量（とはいえホントは自信）」と同じで、これも「愛嬌（とはいえホントは他者意識）」です。

　「他者意識をもとう！」と言われても、何をどうすればいいのかわからない。だからこそ、とりあえず愛嬌くらいはもっておきません？　誰でもできることくらいは、できるようになっておこうよ、なんです。小難しいことをする前に。

相手との壁まで消せちゃう「愛嬌」

　じゃあ、「愛嬌」って何なのか、といえば答えは簡単。**「笑顔と感謝の安売り」**です。ただ、それだけ。

　何のスキルもいりません。

　選ばれし者にしか使えないなんてことはない。アイテムがないとスキルが発動しないわけでもない。やろうと思えば誰でもできちゃう、いますぐに。

　それでいて、使った場合と使わない場合、どっちのほうが相手を喜ばせられるか、自分が得られるものが多いか、を考えれば、やらない手はないやるっきゃない。

　受け手のときにはわかっているのに、発する側としてはどれくらいできているだろう？

　さっきの話のポイントは、「唐揚げ枝豆あと生で！」のおじさんは自分が損していることに気づいてないよね、と。

　ちょっとした笑顔と感謝の気持ちがあれば、それを表現できていれば、ビールの量が減らずに済んだのに、枝豆がちゃんと茹でられた状態で出てきたはずなのに……。

　ちょっとした愛嬌（相手への意識）がないばかりに、ビールの量も枝豆の味も「それが普通」だと思っているんです。

　就活だって同じです。

　小難しいことをする前に、ちょっとした愛嬌があるだけで相手の印象・評価は変えられる。

　なのに！　むしろ学生は、「おれ、すごいんです！！　こん

なに！」のアピールが必要だと思いすぎて、企業の人たちに愛嬌の欠片もない接し方をしちゃってる。

　ああ、なんてもったいない。三大疾病におかされて、「愛嬌」がぜんぜん使えていない学生が、どれだけ多いことか……。

　ただただ、笑顔で感謝を伝えればいいだけなのに、慣れていないと自然にできない。それをやるだけで、相手も自分も気持ち良くなれるのに、「普通に感じ良く社会人と話す」をやったことがないと、それに気づけない。

　それこそ就活では特にそう。普段は使えている学生ですら、なぜかそれを出さずにいたりして、本当にもったいない。

　と、ここまで説明してきた内容で、カンの良い人は気づいてくれたかもしれません。

　この「愛嬌」があるだけで「この学生は、三大疾病にかかっていない……ぞ！？」って、企業の人たちに気づかせることができちゃう。

　説明会だろうが面接だろうが、笑顔で会話をして、相手と心地良い雰囲気をつくれる。

　その状況ってほら、就活病みたいに型にハマっていない。失敗過敏症みたいにビクビクしていない。MNASみたいに自分の都合でアピールしてこない。その上、熱量まであれば、そんじょそこらの学生とはぜんぜん違うでしょ？　ってことが伝えられちゃう。

　前章で書いたように、「企業だって悩んでる」し、「おっさんたちは若い人の扱いにビビって」います。

そんな中で、社会人に臆することなく、変な型で自分を隠したりもせず、何なら喜怒哀楽まで愛嬌を駆使して表現できる学生なんていたら、むちゃくちゃ稀少で貴重です。

「唐揚げ枝豆あと生で」のおじさんみたいに損することに気づかないままよりも、ちょっとした愛嬌を使えるだけで、彼らも安心できるんです。それに比例して、学生たちも得られるものが増えていく。ビバ愛嬌！

┃ いつでも誰にも「おみやげ感覚」 ◀

ちょっとした愛嬌があるだけで、彼らは安心できる。

三大疾病にかかったままで「ハイ！　ワタクシは！」なんて堅い雰囲気でこられるだけで、彼らも身構えてしまうのは自然なことだと気づいてください。

「カッコつけることが就活」だと思っちゃうと、真逆のアプローチをしてしまう。そのすべてをひっくり返すことができるのが、この「愛嬌」なんです。本当にバカにできない、大事な要素。

しかもこんなのは、就活や仕事の場なんかじゃなくても、日常的に練習できる。やらない手はない！！　と思うんですが、どうでしょう？

愛嬌って、別に自分を卑下するのとは違うし、自分の価値を落とすわけでもないし、上下や勝ち負けの問題でもありません。

MNASのところで説明したように、活躍する社会人は、すべて「他者に価値を与えている」わけです。

いまはまだ、社会や仕事での価値の出し方（方向性やジャン

ルや手法など）がわからないなら、まずは価値提供の基礎の愛嬌くらいは使ってみても良さそじゃないですか？

「愛嬌」という言い方がしっくりこない人は、「おみやげ」という考え方でもいいかもしれません。

自分と会って、自分との時間をすごしている人に、何かしらの「おみやげ」を渡す感覚。相手に何かしら「この人との時間をすごせて良かった」と思ってもらえるような、おみやげを渡すイメージです。

友だちだろうが、コンビニや飲食店の店員さんだろうが、それこそ就活でかかわる社会人だろうが、自分が同じ時間や空間を共有した人は全員同じ。そんな人たちに「こいつ、なかなかおもろいやん？」「一緒にいると心地良いな」と思わせる、感じてもらう。そんな感覚。

誰でも使おうと思えば使えちゃう。これから社会人として、他者に価値を与える人になるために、そのへんから始めましょう。

人間だけが使える武器「言葉」

見えない酸素は存在してる?

　就活において、言葉はむちゃくちゃ大事です。

　って、ここまでずっとバカみたいなことを書いておきながら「何をいまさら当たり前のことを……！？」と思うかもしれません。

　でもですね、言葉、むっちゃ大事です。
　それはもちろん、就活では ES でも面接でもいつでも言葉を使うものだからというのはそうだし、一般の就活アドバイスでも「言語化力」と言われたりもします。
　ここでは、もうちょっとシンプルかつ踏み込んだ意味で、言葉について理解を深めてもらえたら、と思っています。

　たとえば、ぼくらは毎日 24 時間、呼吸をしています。
　たとえば、ぼくらは食事の栄養バランスを気にします。
　たとえば、ぼくらは病気の予防に手洗いうがいもする。

　それって、なんでそれをしているの……？
　そりゃもちろん酸素を吸収するためだし、ビタミンＣやら

ＢやらＤやらが身体に良いからだし、ウイルスを体内に取り込まないようにするためです。

　でもですね、酸素やビタミンやウイルス、見たことある？
　たぶんほとんどの人は見たことがないと思います。なのにぼくらは、身の回りの空気には酸素があることを知っているし、野菜や果物にビタミンが含まれてることや、菌やウイルスが身体に悪さをするのも知っています。見たことがないのに。

　つまり、これが「言葉」の意味です。

　見たことがないものでも、言葉を使えば存在していることを理解できる。言葉があるから、誰かとその存在を認識できたり、共有できたり、整理できたり、説明できる。
　逆に言えば、相手が見たり聞いたり触れたり経験していないものは、言葉にしなかったら認識もできず、存在もしてないことになっちゃいます（念のため、哲学的な難しい話じゃありません……）。

　自分で「自分はこんな人」「こんな人生だったよ」「こう感じて、こう考えた」は、言葉にしてこそ相手が認識できて、共有したり分析したり整理できるようになります。
　ちょっと残酷な言い方をするなら、言葉で伝えられない概念や考えや存在は、相手にとって無いのと同じなんです。

　そういう言葉のコミュニケーションは、他の動物や昆虫はしていません。彼ら（？）は酸素を「酸素」として認識してないし、ビタミンもウイルスも言葉で共有できません。

そういう意味で、五ヶ条の３つめが、これです。

第三条

『人間だけに許された武器「言葉」を使いこなそう！』

せっかく人間に生まれたんだから、言葉使おう。磨こう。

もちろんぼくらは、普段から日本語でコミュニケーションをとりながら生活をしているので、「言葉を使えるようになろう」なんて言われてもピンとこないと思います。

なので、ちょっと試してみてください。

「今日のお昼ごはん、どうだった？」

「マンガでも音楽でも、好きな作品が好きな理由は？」

「カレーとスパイスを知らない人に、カレーの味と風味を説明してみよう♪」

さあ、自分が感じているとおりに相手に理解してもらえるように、ちょっと言葉にしてみましょ。

って、たったこれだけでも、けっこう難しい……。

ごはんについては「話すプロ」であるはずのＴＶタレントですら、「食レポ」で苦戦しているのをけっこう見ます。

自分の好きな作品は、どの部分をどう話せば、その感動を伝えられるんだろう。スパイスを知らない人に「カレー」の美味しさをどうやって伝えるか……。

就活ではもっと複雑なことや自分の約20年や、これからの働き方を「言葉」で伝えていくことが求められます。カレーどころの話じゃない。

それくらいに「言葉」は使えているようで使えてない。

▌「なんとなく」では通じない ◀

「言葉を上手に使えるように」というのは、アウトプットの話
です。

それこそインプットの上手さは、お勉強ができる人たちが、
魑魅魍魎とか臥薪嘗胆とか蘿枝大葉なんて単語を「知ってる」
という意味での言葉の使い方。

でも就活で大事なのは、アウトプットの言葉の使い方。

世の中のプロと呼ばれる人たちは、野球でもサッカーでもバ
スケといった身体で闘うアスリートだって、みなさん言葉を
使って考えています。

たとえば、試合後のインタビューでは、どんな場面で何を考
えてどうしようとしていたのか。そこで何が起きてどう対処し
たのか。それを踏まえて、次のチャンスに向けて何を考えてい
たのかを話します。

運動神経や体力を武器としている人たちも「なんとなく」で
はやってない。言葉で状況や想定を整理して、言葉で人にわか
るくらいに考えてる。だからそれを伝えられる。

棋士やアーティスト（音楽・絵画・ダンス等）だって、彼ら
は上手に自分の意図や考えを話せます。

自分がやったことのハイライト（成功でも失敗でも）をピッ
クアップして、そのときの想定や思考を踏まえて、状況の中で
の判断の理由を話して、次につながる言葉にする。

それってまさに、就活でやることと同じです。

「語彙力が少ないから」「ボキャブラリーを増やしたい」と言う学生もいるけれど、そんなのぜんぜん必要ない。
　それよりまずは中学生にも通じる言葉で、伝わる言葉を選べるようになるほうがよっぽど大事。むしろ日常で使わない言葉を使おうとするから、伝わらなくなっちゃう。
　自分がやってきたこと、感じたこと、考えていること、大事にしていること、過去の説明、その解釈、そこから目指す先の姿……。そのアウトプット方法は、学校では教えてくれなかったからこそ、少し練習するだけで上達します。

「言葉」は、見えないものを共有できる、むっちゃ便利なツールです。
　だからこそ、せっかく人間に生まれた以上、人間にしか使えない便利な「言葉」を上手に使えるようになっておこう。

　そんな言葉が上達する一番の練習方法が「書く」ことです。
　それこそが何よりの上達方法。逆に言えば、ノートに書かずに「考える」のってけっこう難しい。
　たとえば、そのへんの中学生でも解けるはずの問題。

$6x+2y=26$

$4x+4y=32$

　これ、書かずに解けます？
　たぶん書かないと解けない、または書くよりも時間がかかる人のほうが多いと思うんです。

中学生でも解ける問題ですら、書かないで解こうとするとかなり時間も労力もかかっちゃう。

　それこそ、これまでの人生やこれからの仕事のことを考えたら、わからない要素は「xやy」どころじゃない。そもそも明確な答えが存在しているわけでもありません。

　これまでの約20年の人生を踏まえて、情報を整理して発展させて、伝えるためのツールが言葉だし、その一番の練習方法が「ノートを書くこと」。バカみたいに単純だけど、やっぱりいちばん効果的な方法です。

　とはいえ、いきなり「就活用」に考えようとしないでくださいね。それはちょっと焦りすぎ。あわてない、あわてない。

　まずはとにかく、日々の感情をノートに書いていくこと。そして、それを少しずつ広げていったり深掘ってみたり、他の言葉を探したり整理する練習をしてほしいんです。

　まずは、それこそ今日のごはんの感想や、会った友だちの印象、好きなマンガのことから始めましょう。

　言葉の練習もやっぱり「基礎から」が大事です。いきなり就活用やビジネス的なことを考えすぎないほうがいい。

　そもそも言葉を上手に使えないのに、そんなことを考えようとするのが無理な話。そりゃしんどくなっちゃいます。

情報を「JKK」で整理する

　ノートやメモの方法については、いろんな本も出ているし、ネットでもさまざまな考え方やテクニックで溢れています。もちろん有効なものや効果的なものも、いくらでもあるけれど、やっぱりぼくはシンプルにしたい。

　学生が気軽に始められて、ちゃんと使えて続けられるもの。
　その上、もちろん効果的であること。願わくば、就活だけじゃなくて、社会人になってからも使えるもの。

　そんなノートの活用法、考え方はふたつだけです。

　ひとつは「JKK」を意識しよう。
　もうひとつが「4本の矢」を活用しよう。

　ほら、とってもシンプル……ではあるけれど、ぜんぜん意味はわからないと思います。

　まず、ひとつめの「JKK」って何かというと、これです。

・【　J　】＝　事実
・【　K　】＝　感情
・【　K　】＝　解釈

　言葉を、この3種類で分けて考えてみる。
　自分のことを言葉にしたり、知ろうとしたり、相手に伝えて

理解してもらおうとするときに、どれかに偏っていると思いどおりに伝わりにくくなります。なので、このJKKをちょっと意識しながら、言葉を使っていきましょう。

「事実」はそのまま、事実の話。
　やったことや見たこと、聞いた内容、食べたもの、会った人、数字、出来事などなど……ただの事実の情報です。

「感情」も、これまたそのまま。
　感じたことや欲求、印象が感情です。うれしい、楽しい、大好き、ムカつく、おもろい、嫌だ……なんでもOK。

　いちばん意識したいのが、最後の「解釈」です。
「解釈」って何かというと、事実や感情を踏まえて、それを「どう捉えるか」「どう位置づけるか」「どんな意味を見出すか」という考え方です。

　たとえば、映画を見た。マンガを読んだ。本を読んだ。誰かに会った。恋人と別れた。デートに行った。（事実）
　それを踏まえて、楽しかった。おもしろかった。感動した。イライラした。悲しかった。よくわからなかった。（感情）

　んで、ここからが大事なポイント。
　それを「解釈」までもっていって、考えたい。そこまでいけると、意味が生まれる。
　というのも、「だから、何なのか」「だから、どうなのか」「ということは、どういうことなのか」「自分にとって、どういう意味があるんだろう？」「つまり、何なの？」です。

この「事実や感情からの〜解釈！！」を言葉にするだけで、就活でも仕事でも一気に言葉の破壊力、相手へのインパクトや影響力が上がります。

　たとえば、幼稚園児や子どもの話し方。
「あのね、きょう花子ちゃんと遊んでてね。いっしょにブランコに乗ってたの。すごく楽しかったんだけど、そしたら先生が来てね、そろそろ帰る時間だよって言われて、すごく悲しかったの……」
　ほとんどが事実と感情だけで成り立っています。

　ここに、解釈を加えてみるとどうなるか。
「ぼくは遊ぶ時間がもうちょっと多いほうがよかったし、先生は大人なんだから、ぼくが花子ちゃんを好きなことに気づいてくれたらいいのに……。まあこういう初めての気持ちを憶えておくのは大事だよね」
　って。ほら、一気に大人になった！！（難しい単語も使ってない）
　こんな子どもはいないけど、つまりこれが「解釈」です。

　映画やマンガの感想なんかでも、同じです。
　誰かに映画やマンガをおすすめするときに、ストーリーを伝えるのが「事実」、観たときの「感情」で伝える。それに加えて「自分はこんな意味を感じた」「こんな解釈ができる作品だ」って言えるほうが、相手は興味をもってくれそうじゃないですか？
　それが「解釈」の強さです。

　あんまり難しく考えないでくださいね。ゆ〜たら解釈って、

伏線みたいなものです。

　ジブリ映画やエヴァや海賊マンガで「あれって、こういう意味があったんだ！」というやつ。

「あの経験があったから、こうなったんだ！」
「そんな意図で、あんなことを！？？」
「あのシーンって、これを伝えるための演出！？」
「当時は知る由もなかったが、これが後の……」

　事実や感情だけではただの情報です。そこに**解釈が加わるから、意味が生まれて価値になる**。それは映画やマンガだけじゃなく、ぼくらの日常でも、いつのまにか伏線は張られてる。

　恋人との別れ、親からのひと言、部活での悔しい経験、アルバイトでの出会い、読んだ本の一節……、それをただの事実や感情だけにせずに、何かしらの「解釈」を加えてみる。
　そんな解釈を伝えられると、一気に大人の仲間入り。
　就活でも仕事でも役に立つ「思考」ってそういうことです。

　そういう「解釈」を、手始めに日常生活のちょっとした出来事や感情を材料にしながら、言葉に換える練習をしてみませんか？　それって毎日ノートを書くだけです。
　それを無意識でできるようになると、思考が広がり、深めていける。テレビを見ながらでも、その日の友だちとの会話を振り返りながらでも、繰り返して習慣にしていく。

　自然にできるようになってきたら、少しずつ就活のことを考えていけばいいんです。決して焦りすぎないように。

┃「4本の矢」で言葉を増やそう ◄

　ノートやメモのもうひとつのポイントは、書き方の話。

　言葉の深め方であり、言葉や材料の増やし方です。
　日常生活でも就活でも、何かしらのJKKを意識しつつ、い
ろんな方向に広げて考えながら、言葉を増やしていく。

　そのためのツールを「4本の矢」と言っています。
「なんで？」
「たとえば？」
「ホントに？」
「だから？」

　この4つの問いかけ、広げ方。ノートに書いた事実や感情に
対して、この4方向から矢印を延ばして広げてみましょう。

　「なんで？」は、理由や背景を考えるための矢。
　なんでそう思ったんだろう？　なんでそれをやったの？　な
んでそうなったの？　何がうまくいったのか？　逆にうまくい
かなかったのはなんで？　を考えてみるための問いかけです。

　「たとえば？」は、具体や根拠を考えるもの。
　たとえばどういうところが？　たとえば何がどうだったか
ら？　たとえば他の言葉にしてみると？　たとえばどんな方法
があるだろう？　って、材料収集、サンプル提示、選択肢を増
やしていく。

そして「ホントに？」って、**検証したり確認**したり疑問を投げかけてみる。それも、ひとつの考え方の方向性。

　いったん気軽に書いてみて、それって本当かな？　って。ホントにそう思ってる？　そうじゃない捉え方をする人もいそうじゃない？　ホントにその言葉で大丈夫？　違う考え方もあったりしない？　って問いかけてみたい。

　それに加えて「**だから？**」の意見や結論です。

　じゃあ何をどうするの？　だから自分はどう思う？　だから次はなにを考えよう？　だから自分はどんな人？　だからこれからどうしていく？　って思考や動きを進めていく。

　日常のどんなことでも材料にして、この４つの方向に言葉にして考えてみるだけで、伝える力も思考を整理する方法も、どんどん磨かれます。言葉を使えるようになる。

　これまたバカみたいな話だけれど、就活で投げかけられる質問なんてこの４つでしかありません。

　企業は「あなたはどんな人？」を知りたいだけ。

「たとえば、どういうことをしてきたの？」
「なんで、それをしたんだろう？」
「それってホントにそう思ってる？」
「だから、これから何をしていきたいの？」って。

　就活で使う言葉って、ほとんどがこの４つの質問の派生型。その問いかけに言葉で返すことをただただ日常で繰り返して、慣れて自然にできるようになっていれば、そりゃ就活でも十分

に使える武器になるはずです。

　この「４本の矢」を使うときには、思いついた言葉は全部書いていきましょう。ひとつの問いに、答えはひとつだけじゃない。

　過去の自分を伝えるのも、自分の価値観や考え方を伝えるのも、言葉にするからこそ共有できるんです。
　もちろん言葉以外（スポーツや音楽やダンスや棋士とか）で、人の信用を得られるものをもっているなら、たぶんそっちで生きていけばいい。けれど、たぶん多くの人にとってはそんな特殊なスキルがないから、いま就活をしているんだと思います。

　いちばんの武器は「言葉」です。
　見えないものを、相手と共有できるように「言葉」にする。
　自分の20数年や、自分が何に刺激されて熱が生まれるのかを、企業の人たちと共有できるようになるために、日々の言葉を少しずつ磨いてみませんか？　その方法はただただ単純。毎日ノートを書くだけ。

　自転車と同じです。この４本の矢の考え方を「意識しなくてもできる」くらいになるだけで、就活のハードルはどんどん下がっていくはずです。

◆「JKK」で整理しよう。

J 事実 事実・行動・数字など、やったことや見たもの、聞いたこと。出来事、証拠。

K 感情 感じたことや思ったこと。欲求、感覚。何に対して、心や感情が動いたか。

K 解釈 事実や感情を踏まえて、自分にとっての意味、自分がどう捉えたか。誰かに伝える上での「自分フィルター」を、通した意見や考え方。

◆「4本の矢」で考えよう。

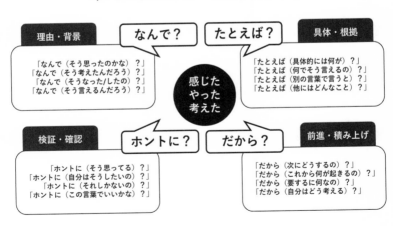

理由・背景　なんで？
「なんで（そう思ったのかな）？」
「なんで（そう考えたんだろう）？」
「なんで（そうなった/したの）？」
「なんで（そう言えるんだろう）？」

たとえば？　具体・根拠
「たとえば（具体的には何が）？」
「たとえば（何でそう言えるの）？」
「たとえば（別の言葉で言うと）？」
「たとえば（他にはどんなこと）？」

感じた　やった　考えた

検証・確認　ホントに？
「ホントに（そう思ってる）？」
「ホントに（自分はそうしたいの）？」
「ホントに（それしかないの）？」
「ホントに（この言葉でいいかな）？」

だから？　前進・積み上げ
「だから（次にどうするの）？」
「だから（これから何が起きるの）？」
「だから（要するに何なの）？」
「だから（自分はどう考える）？」

「キャラ」で一点突破

自己分析よりも「キャラ設定」

　就活が「おばけ化」する原因のひとつが、いわゆる自己分析というやつです。

　ESを書くにも、面接をするにも、自己を！　分析しないと！　始まらないゾ！　みたいなことになっていて、就活前の段階で「なんか就活、大変そう……」ってモードに入っちゃう。心の中のおばけが巨大化していく。

　だからぼくは学生に自己分析という言葉は使わないし、何なら「自己分析なんてすんな！」くらいに考えています（というか、身近な学生にはいつもそう言ってます）。

　あえて意地悪に言いますが、たかだか学生が「自己」を「分析」できるほどに、人間は単純じゃないし、社会は多様だし、個性にも種類があるし、そもそもまだ上手に言葉を使えないんだし、目的やゴールも設定しないままに、「分析！」なんて難しいことをしようとするから頓死する。
　できるはずがないし、できなくていいし、やる必要もない。自己分析、いらん、です。ノーモア自己分析！！

いろいろ小難しくなりすぎているだけなので、もっと簡単に考えて大丈夫。

　そりゃ就活商人にとっては、学生が悩み続けてくれたほうが、都合がいい。答えがないものを延々と考えさせておいたら、自分の立場を守っておける。あえて小難しくしておいたほうがいいわけです。

　そんな就活商人の手のひらの上で踊らされて、就活でメンタルを削られるどころか人生に影を落とすなんて不本意極まりないし、癪じゃない？　ノーモア就活商人！

　小難しいことに振り回されるから、就活はおばけ化していく……。「自己」なんて「分析」したってわかりません。

　まずはシンプルなところから考えていきましょう。ここでも同じ、基礎こそ大事。

　だからこそ、いったん「キャラ設定」からしてみましょう。

　それこそマンガやドラマの登場人物と同じです。

　長々と小難しい説明をされると、むしろ印象に残らないし、興味が湧かない。だから、スムーズに「こんな人なんだな」って、すぐに理解ができることが「おもろそう」のポイントです。

　ちょっと思い出してみてください。

　ゴム人間の彼は、「壮大な夢を追いかける仲間思い」の人。

　人型兵器に乗る彼は、「お父さんに認められたい」人。

　鬼と戦う彼は「妹を救けるために強くなりたい」人。

　バスケを頑張る赤髪の彼は、「モテたくて、耐えて目立ってカッコつける」人。

　なんでもかんでも「実に面白い」という人もいれば、「やら

れたらやりかえす」人や、不思議な動物を使役して「憧れのマスターを目指す！」人もいるし、「愛と勇気だけが友だち」の人（？）もいます。

だからこそ、五ヶ条の４つめ。

第四条
『「自分」を欲求と特性（＝キャラ）で理解しよう！』

最初の段階でわかりやすい「キャラ」があるから、ぼくらは「そんな彼らの今後は……？」と興味をもって、彼らの行動に納得したり、涙したり、心を震わせたり、ときにはムズムズしたり、共感したり感動したりするわけです。

就活だって同じです。小難しい話をする前に、まずはキャラを伝えたい。
いざ就活で「自己PR！」と考えると、成果や実績、スキルや能力、知識や肩書きでどうにかしようとしちゃうけど、それじゃ人は伝わらない。それじゃ人には伝わらない。

何よりも、乱暴に言ってしまえば、企業の人たちはそもそも学生の細かい情報なんて覚えてね〜です。
基本的には、**企業の人たちは学生１人につき、ひとつのことしか覚えられない**、と思っておきましょう。

だってですね、毎日、何十何百と届くESに目を通し、グループ面接だったら１回４〜５人、会社によっては７〜８人。それを何度も繰り返し、会う学生の人数は何百人……。

そんな状況で、「○○大学の△△さんは、□□のゼミの話で、××をしてたなぁ」なんて全部を覚えている天才人事、まずいません。ちょっと「いいな」と思った学生でさえ、名前すら怪しいこともあるはずです。

　そんな彼らに、最初から細かいことを伝えようとしたって伝わらない。
　5種類のボールを投げつけても相手はキャッチできません。いくつも伝えようとするよりも、まずは「こんな感じの学生、いたな〜」をしっかり印象づけてあげましょう。
　そういう意味で、ぼくがかかわってきた学生たちは「親指の子」とか「地球を掘った子」「マシュマロの子」「素手トイレ」とか「コーヒークレーム」などなどなど、いつのまにか企業の人たちからアダ名をつけられていました。

「キャラ」の一点突破で十分です。
　逆に言えば、キャラが立ってないまま細かいことを伝えようとするから記憶に残らない。学生のみなさんにとっても、キャラがあってこそ伝えるべき必要な情報を選べるようになるわけです。それこそキャラが「コンセプト」です。

　じゃあ「キャラ」って何なのか……？
　何を伝えれば、自分のキャラが伝わるのか、自分のキャラは何をヒントに見つければいいのか。というと、キャラは「欲求」です。

主人公の「欲求」はいつもシンプル

　マンガや映画の主人公のセリフや行動、判断軸や動き方はどれも欲求とリンクしています。

　「海賊王に！」の彼も、「逃げちゃダメだ！」の彼も、「妹を人間に！」も「ヤマオー倒す！」も「倍返し！」も「ゲットだぜ！」も、自分の欲求から出てくる、熱のある言葉。だから印象に残るし、ぼくらは彼らの行動に意味を感じる。

　もちろん当然、海賊王を目指している学生はいないだろうし、倍返しばかりを考えてるわけでもないし、鬼になった妹もいないと思います。

　欲求なんて単純なものです。「小難しい欲求」って、ちょっとわからない。人類の中でも天才中の天才のニュートンですら「自然を文字で明らかにしたい」というレベル。

　そういう意味で、ぼくが提案したいのは、ゲームのキャラのイメージです。

　マリオカートやスマブラでも、ポケモンでもストⅡでも、登場キャラには特徴があります。それぞれに得意な技や動き方があって、初心者にもわかりやすく表現されている。

　同じように、就活でも自分を手っ取り早く伝えるために、最初はシンプルな「キャラ」で伝えてしまいたい。

　そんな「わかりやすいキャラ」を８種類に分類してみたので、この中から自分の欲求や動き方に近そうなものを、いったん軽

い気分で選んでみませんか？

そのキャラの8タイプが、こちらのラインナップ。

・組織や人からの期待を受けて動く「勇者」
・まわりの元気が自分の活力になる「旅芸人」
・達成を目指してハードルを越えていきたい「戦士」
・新しいことに飛び込み、挑戦し続ける「武闘家」
・規律を守り、事実や情報で判断したい「魔法使い」
・「わかる瞬間」が楽しい、実験好きの「発明家」
・自分の理想の姿を追い求め続けたい「僧侶」
・独自の発想で世の中を見つめる「吟遊詩人」

キャラにも人にもそれぞれの特性があります。

種類や役割も違うし、特性を活かせる条件や環境も違う。

就活では、あらゆるスキルや能力をもっていないといけないと考えてしまいがちだけれど、そもそも学生が社会人に「アピール」できるようなスキルや能力なんて、そうそうないどころか、それを発見するのが人事をはじめとした社会人の本来のお仕事のはずです。

なので、いろいろ小難しいことを考える前に、自分の欲求や動き出す理由（動機）や、やる気になる環境や条件を……という表現すら就活病っぽくて。

まずは単純に「ワクワクおもろい瞬間」って、どんなとき？くらいで大丈夫です。いったんシンプルに考えよう。

8キャラをヒントにして、出やすい欲求や、出やすいタイミングや状況、逆に出にくい欲求、好きな動き方を選んでみる。

「自己分析」なんかよりも、ここがスタート地点です。

勇者　みんなを活かす「組織の潤滑油」

- ●欲求：組織や人からの期待を、察して受けて応えたい！
  「あの人」に喜んでほしいし、認められたい。
  自分の動きが、組織に好影響になるのが嬉しい。
- ●特性：人の期待に気づく。前線でも後方でも動ける。
  誰かのため。義理や人情、責任。バランス型。

Field: 自在
（求めに応じて）

指向：みんな
道具：きもち
姿勢：しっかり

旅芸人　まわりに活力を与える「盛り上げ役」

- ●欲求：みんなが楽しんでいてほしい！が、原動力！
  注目されるとうれしい。人に楽しんでほしい。
  楽しそうじゃない人がいると、気になっちゃう。
- ●特性：考えるよりもまず動く。いつでも良いとこ探し。
  人が喜ぶなら、ちょっとくらいは泥をかぶれる。

Field: 最前線

指向：みんな
道具：きもち
姿勢：さっさと

戦士　いつでも勝利を目指す「勝負の鬼」

- ●欲求：高い目標の達成を目指して、より強くなりたい！
  できることを増やしたい。できないのが悔しい。
  追い込むくらいが楽しい。舐められたくない。
- ●特性：目標は達成が当然、過程が苦しいのは当たり前。
  感覚的な評価＜客観的な評価。ライバル意識。

Field: 前線

指向：みんな
道具：りくつ
姿勢：しっかり

武闘家　リスクも楽しむ「斬り込み隊長」

- ●欲求：新しいことに飛び込んで、挑戦するのが楽しい！
  人が驚くことをしたい。新しい刺激がほしい。
  「すごい！」が何よりのホメ言葉。退屈が嫌い。
- ●特性：やってみるのが最優先（＝理論より現場重視）
  「普通じゃない」を見つける視点。フットワーク。

Field: 最前線

指向：みんな
道具：りくつ
姿勢：さっさと

魔法使い
地道な修行を苦にしない「堅実派」

Field: 後方

指向：じぶん
道具：りくつ
姿勢：しっかり

- ●欲求：「計画通り」が気持ちいい。事実で判断したい！
  ルールや法則が明確だと気持ちいい。情報第一。
  事前準備や情報収集で「正しい判断」をしたい。
- ●特性：細かい作業も厭わない。地道・着実・確実に。
  リスク低減、ミスを減らす。感情＜事実で判断。

発明家
なぜ？ を求めて楽しむ「戦略家」

Field: 自在
（状況に応じて）

指向：じぶん
道具：りくつ
姿勢：さっさと

- ●欲求：わかる瞬間が楽しい、もっと実験してみたい！
  普通や当たり前「じゃないこと」を試したい。
  成功・失敗よりも理由を知りたい。実験大好き。
- ●特性：データを踏まえつつ、違う視点でものを視る。
  常識に疑問をもつ。変化上等！ 思いつき多発。

「知りたい」**研究**種族

僧侶
信じる道を突き詰める「求道者」

Field: 後方

指向：じぶん
道具：きもち
姿勢：しっかり

- ●欲求：理想に忠実に、やるべきことをやっていく！
  ちゃんと納得できる自分でありたい。やりきる！
  足りないことを減らしたい。穴や欠点が気になる。
- ●特性：周囲に流されない自分の基準。根気や執着、信念。
  子どもの頃から変わらないルーティン。

吟遊詩人
独自の世界で生きる「アーティスト」

Field: 神出鬼没
●●○●●

指向：じぶん
道具：きもち
姿勢：さっさと

- ●欲求：人は人、自分は自分。楽しいことを楽しみたい！
  常識やルールに、楽しいことを縛られたくない。
  曲げたり合わせたりするより、興味や感覚重視。
- ●特性：興味をもったら何十時間でも動ける、ハマる。
  違う発想、自分のアイデア。新しいルール創造。

「究めたい」**求道**種族

※キャラの詳細は前著『内定力』

八方美人より「一方美人」

キャラ選択は小難しいことなんて考えず、とりあえず気軽に選んじゃえばいいんです。

この8キャラだって、別に「あなたはコレ！」とか「これを目指しましょう♪」なんて占いでもないし、適性テストでもなく、ただの選択肢。あくまでも入口、お試しモード感覚。
「なんか使いにくいな……」と思ったら、いつでも変えればいいや、ってくらいのものだと捉えてください。それくらい気楽なスタンスが大事です。

ちなみに、これで自分がしっくりくるキャラが決まると、Web なんかの適性テストや「あなたは何タイプ！？」みたいなものも、だいたい想像どおりの結果が出るようになります。これホント。

誰にでも過去の 20 数年、普通にすごしてきて、「よく出る欲求」と「あんまり出ない欲求」があるはずです。
やる気になったり凹んだり、頑張ったときや嫌々だったり、そういう経験をしてきた中での「熱」の出どころや「熱」が奪われるときにヒントは転がっています。

少なくともわかっておいてほしいのが、「全部のキャラの良いトコどりはできない」んです。
すべての楽器ができるオーケストラ奏者もいないし、全部のポジションができるプロ野球選手もサッカー選手もいません。

社会人もそうだから、職種や部署が分かれてる。たかだか学生が全部をできるフリをした時点で、もうウソ確定です（ただし、ロックの分野では例外的にデイヴ・グロールというバケモノがいるけれど……）。

なので、ちゃんと尖るところが尖っているほうがキャラは立ちやすい。それを25字に凝縮したい。

できないところに目を向けたら、そりゃ精神的にしんどくなるに決まってます。まずは「ここだけ見てね！」と自信をもてるところだけ、見つけて伝えりゃ大丈夫。

ビジネスの世界では、これを「選択と集中」と言います。

いわゆる弱者の戦略の代表でもあるランチェスター戦略でも「強者じゃないなら一点集中でいったれ！」です。

闘いどころを選ぶこと。カバー範囲を広げるほど、ボロボロ負けるのは当たり前。WWⅡの日本軍もそうでした。

そもそも、「みんなから好かれる」なんてことがどれだけ難しいことなのかを、世界を見ながら学びましょう。

iPhone なんて、みんなが使っているように見えて、世界で使ってる人は2割に届くかどうかというレベル（調査データによるけど）。

2000年にわたって人から信じられ求められ崇拝されているキリスト氏ですら、世界シェアでいえば3割程度。仏教なんて日本では「みんなそうでしょ」に感じるけれど、世界的には6％です。

ガンジーやマザーテレサですらアンチがいるし、世界中の人が否定的なはずのヒトラーやKKK（クークラックスクラン）ですら、悲しいことにいま

だに信奉者がいるんです……。「パクチー好き！」もいたりする（それは良いこと）。

　誰からも好かれて評価されるなんて不可能。それを目指すほどに疲弊していくのは当然です。むしろマーケティング的な意味では、対象もアピールポイントも「絞る」のが定石です。

　都会の大通りで、「みなさ〜ん！　聞いてくださ〜い！！」と叫ぶよりも、「新潟県出身の20代の女性で、仕事と恋愛の両立を考えつつも親から小言を言われてるアナタ！」のほうが立ち止まってくれる人が増える。

　届けたい相手を広げるほど、伝えたい内容を増やすほど、相手には響きにくくなります。
　だからこそ、絞る。丸くなるより尖らせる。八方美人ならぬ「一方美人」戦略をとったほうが、おもしろがられたり、興味をひける可能性は高まります。ましてや就活病の学生だらけの昨今、「ちょっと違うぞ！？？」は絶対的な武器です。

　自然に普通にアクセルを踏めるところを知っておく。
「このへんなら努力しなくてもできちゃうよ？」を伝える。
「できないものはできん！」と割り切る（言わなくていい）。
　できれば、どうしたら他者の価値につながるかを考える。何なら、それを「社会に出てからどう伸ばすか」も想像してみる。それを、キャラをヒントに考えてみましょう。

┃キャラの育成・レベルアップ┃

　繰り返しになるけれど、たかが学生レベルの能力やスキルや成果や実績なんて、社会に出てからは役に立ちません。そもそも企業の人たちだって、そこで評価をしようとなんてしてない求めてない。

　だから、自分が自然に「おもろい」と思っていること、没頭できること、何か人とは違うところ、自分の活かし方、活かせる環境や条件を、8キャラの中からいちばん自分に合いそうな方向を見つけて、知っておくほうがいい。

　人を知るための大きなヒントが「欲求」です。
　自分が楽しくすごすための方向性も「欲求」です。
　欲求があるからこそ生物は行動するし、行動したらそこには欲求が生まれます。

「そうは言っても、8種類しかないのに差別化できるの？」

　うん、できます。
　たとえば、ほとんどの生物がもっている「お腹が空いたから何か食べたい」というシンプルな欲求。誰でももってる欲求です。
　それですら、欲求を抱いた「そのあと」の行動はそれぞれいろんな動き方の種類があります。
「とりあえず冷蔵庫にあるものを」という人もいれば、「コンビニ行って適当に」の人もいる。「食べるからにはちゃんと栄養を」の人もいれば、「誰かと一緒に」の人もいます。「せっ

かくだからミシュラン店に」「食べたいけどダイエット……」の人もいるし、「誰かにおごってもらおっと♪」の人だっていますよね。ライオンとかなら「あのシマウマを、おれは……狩る！！」です。

　同じ欲求でも「そのあと」の動き方は、人によって違う。

　だからこそ！！
　どんな欲求が出やすくて、その欲求がでたときにどんな考え方でどんな動き方をすることが多いのか、約20年も生きてきたなら、そこには出やすいパターンや傾向があるはずです。ないはずがない。

　自分にとってよく出やすい欲求があって、その環境や条件もそれぞれで、そこからの動き方なんて千差万別。20数年の行動の中で、これまで無意識でやっていたことを「キャラ（＝欲求と行動特性）」をヒントに、言葉で整理してみるだけで、十分に人とは違う、自分だけのシンプルなキャラが立ち上がってくるはずです。

　その過去の経験やエピソードを、JKKの視点から言葉を増やせば増やすほど、キャラはレベルアップしていきます。「こういうところがキャラっぽい」「ほら、こういうことをしてきたんだもん」「こういうときにはこう考えて、こう動いてきました」という言葉があれば、企業の人たちの理解度も納得度も上がっていきます。
　そこに実績やらスキルは必要ありません。
　とりあえず、これまでの「普通にやってきたこと」を整理し

てみましょ。

できないことを、やろうとするからしんどくなる。

キャラが就活の土台になるし、自分の方向性を決める羅針盤になってくれる。「自己分析」なんていう、よくわからない迷路に迷い込まないでください。

小難しいことをやろうとする前に、いったん自分のキャラ設定を決めておく。それが就活おばけを退治するための方法です。

キャラっぽい行動や考え方を言葉でもっておくこと。キャラを理解させる言葉が増えること。これまで無意識でやっていたことが言葉に換わること。それを改めて意識して、日常をすごしてみること。

言葉の量こそが経験値。その積み重ねで、キャラはレベルアップしていきます。

これから自分だけのキャラを育てていきましょう～。

「相場観」で
違いに気づける

▌「自分の普通」は「非凡」かも!?◀

たとえばの話。ちょっとソーゾーしてみよう。

怪力のモンスターが、人を抱きしめたら死んじゃった。
毎日牛丼で幸せだった人が、ミシュラン店に行ってみた。
誰とも会わずに生きてきた絶世の美人、初めての合コン。
田舎で神童と呼ばれた人が、都会の進学校に行った……。

そういうときに、彼らは「あれれ!? いままで自分が思っ
てた普通って、なんだ!?」ってことに気づきます。
当たり前だと思っていたことが、なんだか普通じゃなくなる。
「思てたんとちが〜う!!」って、良くも悪くも。

すごく雑に言うと、これを「相場観」と言います。
もともとは金融系の言葉で、相場（つまりマーケット）をど
う観るか、どう認識して、どこに投資をして、どのタイミング
で引き上げるかを判断するために、相場を観る目のことをこう
言います。
それを踏まえて、ここでは「普通って何なの!???」と、
それをわかる目、気づく視点。それが相場観。

第五条
『違いを知るから、わかる。「相場観」を磨こう』

　ここまで「三大疾病」の話をしてきて、「五ヶ条」のうちの4つを伝えてきました。

　そこに、この最後のひとつを加えることで、7つがさらに強化される。自分では気づいていない新しい価値を見つけられる、という意味で相場観ってむちゃ大事です。

　「キャラ」なんかは特にそうです。

　これまでの就活の考え方だと、学生たちはどうにも「頑張ったこと」や「注力したこと」を聞かれたときに、素直にまじめにそのまま答えようとしちゃう。

　それが、ちがう。そうじゃない。そこでズレるんです。

　それってルフィくんの水泳練習、ポッターくんの筋トレ、ミュージシャンの料理研究、大谷くんが裁縫するくらいにズレてる。たしかにそりゃあ彼らは、頑張ったり注力したりするかもしれません。

　でも、普通にぼくらは思います。「お前、そんなことやってんじゃね〜わい！」って。「そっちじゃないでしょ」と。

　外から見ているぼくらからすれば、ルフィくんはとりあえず身体をのばしとけ！　だし、ポッターくんは魔法の勉強をすればいいし、ミュージシャンは音楽やれや！　大谷くんは野球しようよ、です。

■「比較優位」で観てみよう

　自分の当たり前は、誰かにとっては当たり前じゃない。

　自分が「がんばった」と思ってることは、誰かにとっては当たり前のことかもしれません。逆に自分が当たり前にやってたことが、誰かから「がんばってる」と思われることだって、いくらでもある。
　そういう「他人を知って自分の位置を知る」のが、相場観。

　無理してがんばってるわけじゃないのに、なぜか人から評価される。普通に自分が楽しいからやってるだけなのに、他の人とは「違う」と言われる。そんな部分を8キャラからひとつ選んで伝えるだけで、もう8分の1の稀少性。
　自己PRでもガクチカでも、就活病の学生たちはどうにも成果やスキルを伴った「すごいこと」を書かなきゃいけないと思い込んでる。
　でも、企業の人たちは、「日常で当たり前にやってること」が、他の人にとっては当たり前じゃないことをわかった上で、その当たり前を大事にしていこうよ、と。そういう部分を教えてよ、と思ってます。

　就活でよく言われる「強み」という言葉も、そう。
　普通に考えても「強みなんて言ったって、自分よりもできる人はいくらでもいるし……」になるのは、当たり前。
「強み」なんて、別に「誰にも負けない能力・スキル」の話じゃありません。ただただ、「人と比べてどういう部分だったら自

信をもてそうですか？」という程度の話です。

　なのに学生たちは就活になると、「誰にも負けない何かしら」を伝えなきゃいけないと考えすぎちゃうから、そんな答えは当然のごとく見つからない……。

　たとえば、絶対優位とか比較優位という言葉があります。
「絶対優位」は、相手が誰であろうと、どんな人と比べたとしても優位になるくらいの特徴。
　それこそオリンピックの金メダルとか世界チャンピオン、というくらいの優位性です。もちろん世界に数人レベルしかいない。たしかにそういう人は評価をされるだろうけれど、別に企業が求めているのってそんな話じゃないです。

　企業が知りたいのは、あくまでも「比較優位」の部分。
　比較優位というのは、そりゃ絶対優位ではないけれど、世の中の大部分の人と比べたら、それなりに得意な部分やと思います〜、なんかみんなと違うんですよね〜、くらいでいいんです。それを自分で理解している人かどうかです。
　少なくともそれくらいはわかっておいてほしい。それを把握するのが「相場観」。

　そういう意味で、キャラもひとつのヒントにしながら、人とはちょっと違う自分の「当たり前」を見つけていきましょう。東進ハイスクールの林修先生の言葉を借りると「大した努力をしなくても勝てる場所で、努力をしなさい」ということだし、まずはそこを見つけましょう、と。

「生のおっさん」の経験値

　相場観の話を、もうちょっと踏み込んでいくと、社会の理解や捉え方でも同じです。

　たとえば、みなさんのイメージする「社長」はどんな人？
　ちょび髭を生やした初老のおじいちゃん？　精悍（せいかん）でエネルギッシュな感じ？　もしくは孫さんや前澤さんみたいな有名人？　それとも町工場の現場にも出るような穏やか小太りのおっちゃん？　そもそも男性？　もちろん社長にもいろんな人がいます。

　じゃあ、そこで「そんな社長と飲みに行こうか」って言われたら、どうでしょう？
　「やった〜！　ぜひ！！」なのか「なんかちょっと（怖い）」なのか「事前に勉強していかなくちゃ……」「こんな話を聞いてみたいな！」って、もちろんこれまたいろいろです。

　こういうときに相場観があると想像できることが増える。それしだいで、飲み会での気のもち方や得られるものが大きく変わる。相場観がないから、数少ない情報であれこれ妄想してしまって不安が増えていく……。
　社長だけじゃなくて、30代のエース社員も敏腕エンジニアも、何なら昆虫学者や染色職人やら振付師だって、全部そう。

　そういう「生のおっさん（や歳上のお姉さま方）」のサンプル数が少ないと、相場観が雑で粗いから、就活でも「生のおっ

さん（や歳上のお姉さま方）」には、どんな話をしたら響くのかがわからない。

　それで成果や実績やスキルや強みや能力！　みたいな話をしなくちゃいけないと思っちゃう。そんなズレをどんどん広げていっちゃうのが、就活病の就活なんです。

　社長だろうがエース社員だろうが、ビビらないで大丈夫。むしろ学生がビビることで、おっさんたちも気を遣う。

　何度もいろんな角度で説明してきたように、普段の自分を伝えれば大丈夫。相場観があるだけで、「こんな感じで大丈夫かな」のハードルが下がるし、「まあ、やってみてから考えたらいいか」くらいでいいんです。

　日常で飲み屋やスナック的なところに行けば、いくらでも「生のおっさん（や歳上のお姉さま方）」に出会えます。

　もし、それが難しければ、テレビを見ましょう。実はテレビって、いろんな社会人の姿を間近に見られる装置です。
『情熱大陸』や『プロフェッショナル』、『カンブリア宮殿』や『セブンルール』を見るだけで、業界研究なんかよりもずっと働き方や仕事や社会人のサンプルが増えます。

　何なら『探偵ナイトスクープ』や『ジョブチューン』、『球辞苑』だって、社会の相場観がむちゃくちゃ磨けます。ただただ、視点や見方の問題です。

　何が大事なのかというと「自分の中の他者を増やす」ってことなんです。

　自分とは思考回路も価値観も、判断軸も生き方も違う人が、どんな経験をしてきて何を感じて、どう考えて何を基準に判断

して動くのかを知ること。

　そんな社会人のサンプルが増えれば増えるほど「素の自分」がレベルアップしていきます。

　ざっくりとした業界や職種を調べて、ぼんやり想像するよりも、テレビ番組に出てくる人を見て、「自分だったらどうかな？」とか「同じ環境・条件だったらどうするだろう？」「もしかして自分と似てるかも？」を考えてみるだけで、これからの自分の働き方の可能性は変わります。（もちろん「ノートを使って考える」ですよ♪）

　相場観がないと視野が狭いままの「就活！！」になって、よくわからない妄想で自分を押し潰すことになっちゃう。
　相場を知ること、マーケットを知ること、それを通して自分の特性を知ることができると、可能性はまだまだ広がるばかり。相場観って、けっこう大事です。
　就活おばけを退治する「５つの武器」を手に入れましょう。

　第一条
『「熱量」をもって動き出そう』
　第二条
『誰でも使える強い武器！　なのに盲点「愛嬌」』
　第三条
『人間だけに許された武器「言葉」を使いこなそう！』
　第四条
『「自分」を欲求と特性（＝キャラ）で理解しよう！』
　第五条
『違いを知るから、わかる。「相場観」を磨こう』

第6章

すぐ実践できる！
「非常識」
就活法

まともな社会人ほど、いまの就活を見て、こう言います。
「就活の常識は社会の非常識」って……。
変に複雑で小難しくて、ピントがズレたことをしてたら、
そりゃうまくいかない。
ここまで読んでくれた人だからこそ「こうしてみよう!」を
伝えられる。伝えたい。いわゆる一般的な就活法とは違うけれど、
ぼくを信じてみてください!!

「非常識」就活法①

ESなんて「コピペ」で十分

自己PRも志望動機もコピペでいい

　従来の就活って、自己PRひとつとっても「ちゃんと企業を調べて、それに応じた内容の自己PRをしていかなければならない」とか言うし、志望動機も「企業の特徴や働き方や求める人物像を踏まえて書かなければ、通らないぞ」と言う人がいるみたい（しかもいっぱい）。

　学生はその言葉を信じて、企業ごとに自己PRや志望動機をしっかりと書き分けたりするみたい。

　その一方、ぼくはこの10年以上、学生たちには「自己PRも志望動機もコピペでいいよ〜」と伝えてきました。

　それで彼らは普通に内定をとってきました。「あれれ、もうとったの？」って、UFOキャッチャーレベルでとってくる。

　ある学生は、楽天と富士通系IT、資生堂と京都市役所、JAL（CA）から内定をとる。他のある学生は、伊藤忠商事とキーエンス、川崎重工、AIG損保、リクルートから内定をとりました。どっちも業界がバラバラすぎる。

　彼らは自己PRも志望動機も、企業ごとに変えたりなんかせず、どの会社にもず〜っと同じことを伝えていただけです。

（何なら前者は、資生堂の ES 締切を忘れてて締切後に提出するわ、生年月日を間違えて 31 歳だわ、です）

それでも、普通に内定が出るんです。

かたや企業ごとに「研究」をして「対策」する学生たち。

かたや全部同じ話をして、よゆ〜で内定の学生たち。

なんだか、就活病の学生って損してる気がしません？

むしろ、相手に応じて変えようとするから、信用されないという可能性。しかも付け焼き刃の浅薄な知識で、その場しのぎ的にやってるのが透けて見える可能性……。それだとウソっぽさが出るだろうし、「信用」できなさそうな可能性を想像してみてほしいんです。

というよりも単純に、そんなにやるのって大変じゃない？

ホントにですね、自己 PR も志望動機もコピペでいいです。

それこそ「信用」って、知識やテクニックじゃありません。

ただただ、熱量と特性（キャラ）と、価値を生み出す意識を言葉で伝えていくだけです。

コピペで大丈夫になるくらいのそれを伝えればいいだけ。

じゃあ具体的に、どんな自己 PR や志望動機を書けばいいのかというと、ここまで伝えてきた三大疾病を抜け出して、日常でやってきた五ヶ条をやればいいだけです。超楽ちん。

スキル→いらない。実績→関係ない。能力→うさんくさい。学歴→むしろ企業はこれまでと違う人を求めてる。

自己 PR は、ただ「こういうときがおもろいんす。それが人

の役に立てたらいいな」を伝えればいいだけ。

志望動機は、「こんな目的・環境だと熱量あがる。そんな環境だと思ったんす、御社」を言えばいいだけ。

さらにはその両方に、「これからもっとこんな価値を生み出したい！　できるようになりたい！　それをもっとできるようになれる環境がここにあると思ったんです！」を盛り込んで伝えましょう。

それで、自己PRも志望動機も完成。できあがり。

もう本当に、ただそれだけで大丈夫です。

特にESや一次面接、二次面接なら、なんにも難しい話はいりません。就活病から抜け出して、自信と愛嬌だけでどうにでもなる、ってくらいに楽勝。

だってですね、相手に合わせた話題に返して、相手の機嫌を気にして褒めて対応して、それで評価されたとします。

そのあとは楽しくすごせそう？　それで評価をされたとして、うれしいのかな。今後もずっと続けていけるかな……。

って、恋愛や結婚なんかでもそうだったりしませんか？　というか、友だち関係ですらそうですよね。

相手によって言葉を変えたり、変えるためにしっかり調べるなんて、就活では当然のように言われてるけれど、友だちがやってたら「そりゃおかしいし、やめときな」って、なる気がしません？（ぼくだけですか……？）

就活でも同じように考えてみてほしいんです。就活病にかかると、そんな正常な判断も奪われちゃう。

「好かれるためには自分を曲げて偽ってでも！」になる。
　そんなのいらんいら〜ん！！
　やめとけ！！　やめよう！！！
　ストップ就活病！　ノーモア就活病！

　この段階で「じゃあ何を書けば……？」となってしまっているとしたら、それはまだ就活病が抜けきっていな〜い。
　それこそ前章でも書いたように、自己PRに成果も実績もスキルも能力も強みも何も、別にいりません。
　ただただ、日常の自分の欲求と動き方を書けばいい。なんだかエネルギーや熱量が上がってるときのことについて、何によって着火して、そういうときには何を考えてどう動くのか、でいいんです。

　企業の人たちに伝えることは、ただただ3つ。

「自分はこんな人です（25字)」
「ほら、これまでこんなことしてきたもん」
「だから、これからこうなりたい。なれそうでしょ？」

　まずは自分を理解させる大枠のイメージを伝えた上で、その証拠を提示して、これからの延長線を描く（できれば他者の価値の話をちょっとだけ交えつつ）。それだけでいい。あえて言いますが、ただそれだけのことなんです、就活って。
　それを言葉に換えて、伝わるように伝えるだけです。

　だからこそ、その最初の一手、方向を決めるコンセプトとしての「25字」があればいい。

｜「相手に伝わる 25 字」が最優先

「25 字」が有効なのは、何も自己 PR や志望動機にかぎった話じゃありません。ES や面接だって、この 25 字で悩みにくくなる。まず、前提としてこう思っておきましょう。

「就活で発する言葉は、ぜんぶ自己 PR」

ES の各質問に対する回答や面接で話す言葉はもちろん、面接調整の電話や SNS だって、何なら面接後のエレベーターまでの会話も全部そう。就活中に企業の人に向けて発する言葉は、ぜ〜んぶ自己 PR です。

だからこそ、くれぐれも就活病っぽいことを言わないようにしましょう……！

で、その前提に立つと、就活を通して何を伝えるべきか、どう振る舞えばいいのか、どんな表現が適切で、何が正解で何が失敗なのか、その判断軸になるのが「25 字」です。

就活で使う**すべての言葉は、この「25 字で表現したい自分」を相手に納得させるために発してる**。そういうものだと意識しておくことが大事です。

それを意識すれば、言葉に一貫性が生まれます。

それこそ ES に並ぶ質問項目でも、就活病の学生はひとつひとつの質問それぞれに向き合って答えようとしちゃう。世間に溢れる就活テクニックや面接問答集をつまみ食いしながら、「この質問にはこのワードを入れつつ……」なんて考えながら四苦

八苦してる。それが、ちがう。

　まるでコース料理で、各国のメニューがバラバラに出されているようなもの。和食の前菜、中華のスープ、魚はフレンチ、肉はケバブ……しかもどれもが中途半端な完成度。

　企業の人たちにしてみれば「いまのは何料理だったんだろう？」になっちゃいます。

　就活病の学生たちは小賢しいことを言おうとするけど、そんなのいらない。ただただ、包丁と火と調味料をフツーに使って、素材をムダにしなければそれでいい。

　料理のジャンルが統一されてるほうがわかりやすい。

　どの瞬間でも、前提の「25字」が伝わることが最優先。

　就活を通して、それが伝わるように考え、振る舞い、発すること！！　25字こそ命であり、土台であり、目的地。

　その25字で伝えたいことが伝われば、いわゆる就活テクニック的なものとは違っていても正解だし、伝わらなかったり誤解されたりしたら、とりあえずは失敗です（ので、そういう場合は修正すればいいだけ。その基準になるのも25字です）。

　キャラが「ブレる」のは、それ以前にちゃんとキャラが立ってるからこそブレに気づける。最初からブレてたら、それはただの「よくわからない人」です。

　まずは仮でもいいし、複数あってもいいから、「25字」から始めましょう。

「非常識」就活法②

「業界を絞る」という無意味

大学名で恋人探すタイプ？

　ちなみにみなさん、恋人探すときに大学名で選びます？

　やっぱり東大生じゃなくちゃダメ！　最低でも名大！　とか、早稲田はこうだから慶応のほうが……。いやいや都市部よりも地方の新潟大とか広島大！　国内よりもアイビー・リーグやオックスブリッジくらいじゃないと……！！　って、そんな選び方したりします？

　もちろんそういう選び方をする人もいるだろうけれど、普通に考えれば「同じ大学にも、いろんな人がいるからねぇ」と考える人のほうが多いんじゃないかと思うんです。

　これって就活における「業界」と同じです。

　就活アドバイスで「業界を絞りましょう」と言ってる人を見かけるけれど、それって大学名で恋人選ぶのと同じように見えちゃいます。

「業界」なんて、ただのビジネスの分野や仕組みでしかありません。お金の儲け方のパターン分類であり、扱っている商材・サービスで区分けしただけのもの。

そこには、働き方や評価基準や重視するものの共通点がある
わけじゃない。

　たとえば「業界を絞る」として、インフラ業界からの通信業
界の中でも携帯電話にまで絞ったとしましょう。
　その中のトップ３社で、ドコモ・au・ソフトバンク（正確
な社名は省略）があるけれど、その３社は評価基準や働き方や
重視するもの目指すものって、同じかな？

　学べるものや得られることに共通点はある？
　同じ働き方をしたとして、同じ評価を得られそう？
　会社が生み出している価値は、同じかな？
　求められていることや仕事の進め方や判断軸はどう？

　３社ともバラバラな気がしませんか？
　もともと国営企業を起源にもつドコモと、孫正義が１人で立
ち上げたソフトバンクの２社でも、ドコモだったら昭和系電機
メーカーや公務員のほうが似ているし、ソフトバンクならサイ
バーエージェントやメルカリのほうが求められるものが近そう
です。

「インフラ→通信→携帯」まで絞ったのに、それぞれの会社に
よって求めているものは違っていて、働く場所としてどう比較
して、どう「対策」できるのかがわからない……。
「サービス→飲食→コーヒー」まで絞ったとして、スターバッ
クスとドトールが同じわけがないですよね。
　それこそ企業のトップでさえ「マックからマックへ」と言わ
れた原田さんは、Apple の社長からマクドナルドの社長になり

（その後はベネッセ社長）、ジョン・スカリーさんはペプシコーラの社長から Apple の社長。ロッテの玉塚さんなんて書ききれないくらいに「業界」を跳びわたりまくってます。

　もっと言えば、企業の業界分類なんてどんどん変わる。
　Amazon や Apple レベルじゃなくても、リクルートは就職情報誌から結婚・不動産などに広げてきたし、味の素は半導体材料の世界トップシェアをとったし、富士フイルムやキリンが再生医療に進出、なんてことはいくらでもあります。

　そういう意味で、業界を絞るってなんなの？　なんです。

▌「業界」は広げたほうがおもろい◀

　いつのまに「業界を絞らなきゃ」になったんだろう？
　学生が知っている「業界」なんて、絞るほど広くはありません。まだまだ知らない、楽しい世界がいくらでもある。

　もしあなたが、大学名で恋人を選ばない人なら、業界なんて絞らないほうがいいです。そんな曖昧な枠組みで「絞る」なんてことをしても、大した意味もなければ、これからの可能性を狭めちゃうだけ。
　むしろせっかくの就活、新しい社会の情報を仕入れられるこの機会に広げないのはもったいない。
「先生に影響を受けたから教員か塾講師に」「人を喜ばせたいからエンタメ・企画に」「グローバルな影響力で総合商社」って、ちょっと待ってほしいんです。
　そこから、あと一歩か二歩、進めてみよう。

「先生・教員」の場合、それがもし「人の人生に影響を与える」のであれば、人材だって金融だって、マスコミだって飲食だってコンサルだってできること。

そこに「考え方で」が加わったとしても、そんなに変わらない。「人を喜ばせたい」もまったく同じ。
「グローバルな影響力」でも、世界的シェアの高いメーカーは日本中にまだまだあるし、人材だったり金融だったり福祉やマンガや、何なら廃棄物処理の会社だって、世界に影響を与えています。

そういう自分の興味や働き方、身につけたいことを考えたときに「業界」なんかで絞るのは、あまりに選択肢が減りすぎちゃう。

そんなカテゴライズに大して意味はありません。
自分が楽しく生きるためのヒントは、あんまりそこに落ちてません。絞れば絞るほど、人生の可能性が減っていっちゃう、とさえ思います。

何にも知らないのに「絞る」なんて、もはや愚行。
むしろ興味をもったものを起点にして、それをヒントに広げていくほうが、就活はおもろくなるし、新しい社会を見つけるきっかけになるはずです。そんなおもろい世界に出会えるのが、就活なんです。

自分の「TBS」はなんだろう?

　働く場所や環境を考える上で、ちょっとだけ気にしてみてほしい考え方として「TBS」を、頭の片隅で意識してみるのも良いかもしれません。テレビ局の話じゃなくて、情報を整理するための3分類。

【　T　】　＝　対象
【　B　】　＝　分野
【　S　】　＝　手法

　自分の興味をきっかけに、この3つの解像度を上げていく。「負けず嫌い」でも「好奇心旺盛」でも「人を喜ばせる」でもなんでもいいです。そのTBSは何だろう……?

「負けず嫌い」だとして、本当にどんな人に対しても、どんなジャンルでも「負けたくない」のかな?
「好奇心旺盛」な人が、どんな対象や分野にでも好奇心を働かせて、いろんな分野に飛び込んでいったら、かぎられた人生、いくら時間があっても足りなさそう。
「人を喜ばせる」の場合の「人」って誰だろう?　リトアニアのホームレス?　アゼルバイジャンのシングルマザーはどうでしょうか?　キプロスの障がい者もそう?

　って考えると、できることはもっとありそうだし、「業界」なんかよりも大事なポイントが見つかる可能性もありそうな気がしませんか。

逆に言えば、就活で言う「業界」は、むちゃくちゃ雑に会社を引っくるめてみた部分の話です。それこそ就活商人が大好きな四季報の索引で使うくらい。

　企業を理解しようとして業界研究なんかをするよりも、先に自分の「TBS」をわかっておいたほうが、合う合わないの判断が楽になります。
　大切なのは、これまでの20数年でのTBSを探っていくことです。

　それこそ恋人探しと同じです。
　先に自分なりの基準をもっておいて、それに合いそうな人を探せばいい。大学のことなんていくら調べても、運命の出逢いの確率は上がりにくい。

　変に単純でわかりやすそうなカテゴリーやジャンルに縛られることなく、自分の特性を活かしていける、伸ばしていける、人の役に立てる場所を見つけていきましょう。
　何百、何千とある判断基準のうち、たかだか「業界」なんてそんなに重要な指標だなんて考えすぎないほうがいいです。

　そういう意味で、「業界を絞る」なんて就活病的なやり方に縛られないよ〜に！！　それよりも大事な、自分の「おもろいポイント」を探してみてください。

「非常識」就活法③

面接対策は「よ・ね」が7割

面接問題集なんていらない

　学生が悩むもので、自己分析に業界研究、自己PRと志望動機ときたら、あとはおそらく「面接」だと思います。

　世の中にはいろんな面接対策法があって、面接問答集なんてものまであって、こんな質問にはこう答えましょう、この質問にはこういう意図が込められているので、このワードを伝えたらバッチリです、なんてことが言われてる。
　もう何十回目なのかがわからないくらいに言っていますが、そんなことに縛られるのが、就活病。

　面接で意識しておいたほうがいいことは、そりゃ細かく言えばいくらでもあります。

　でもね。そんなの関係ねえんです。
　そんなことを気にするまでもなく、採用基準が下がっている中で、ほとんどの学生ができていないことだらけ。だからこそやるべきことは超シンプル。
　ただただ、これをやるだけでそんじょそこらの学生との違いを見せつけられる。

それが、「よ・ね」です。

……はぁ？　どういうこと？

って、どういうことかというと、「語尾」なんです。

何よりも優先すべき面接対策は、語尾。ここにきても、まだバカみたいなことを言ってる。

ただ本当に、語尾を変えるだけで、面接の結果・評価が劇的に変わります。さすがにこれは、学生たちに試してもらって、ぼく自身もびっくりしました。「こんなに変わるものなの！？」って。面接って何なんだ、と……。

それ以前までは、面接のアドバイスは「普段どおりにしゃべればいい」とか「会話しよう」とか「インタビュー感覚で」と学生に伝えてきました。だけど、それだとどうにも言葉だけでは学生に伝わりきらなかった……。力不足。

そんな中で、やっと「これだ！」というのが、「よ・ね」です。IKKO戦術！　「よね〜！！！」です。

ただただ面接での話は、**語尾に「よ」とか「ね」をつければいい**。本当にバカみたいな話だけれど、これで評価が変わります。いやまじで。（これは、全部の語尾にということではなくて、ポイントポイントでそういう意識で、という意味です）

就活病の学生は、面接では特に明らかに「あ、就活病だ！」とわかります。なぜなら就活病の学生らの語尾は、いつでもぜ〜んぶ「です・でした・ます・ました」だけなんです。

たとえば、校長先生の話って、だいたいつまらない。大学でおもろい講義とそうじゃないのって、教授の話し方によりませ

ん？　用意された文章を誰に伝えるともなくただだた朗読する人と、「相手に伝わるように！」を考えて話す人。どっちがおもろい人っぽい？

　だからこそ、「よ・ね」なんです。

　それこそ本の冒頭で、外資系コンサルの選考基準が「普通に会話ができるかどうか」と書きました。それって単純に、語尾に「よ・ね」をつけるだけ。それで印象が変わる。

┃「一次面接 20 社全滅」からの挽回 ◀

　たとえば、ぼくが過去にかかわった学生の話です。

　その学生は、就活とは関係なく 2 年生のときからの知り合いで、いざ就活となって自己 PR のエピソードも一緒に考え、伝え方もバッチリ、そもそも自信も愛嬌も言葉もキャラもちゃんとあるので、「これでうまくいかないわけがない！」と送り出しました。
　そんな彼女が 1 か月後に言ったのは、「20 社連続、一次面接で落ちてます。一度も通ってない」って……。

　ぼくからしたらありえない。一次面接なんかで落ちるはずがない。けれど、落ちているのは事実です。

　その場ですぐに、どんな感じで話しているのかを聞いてみると、まさに就活病の話し方。小学校のホームルームの優等生！みたいな面接をしているわけです。

そんなんじゃ受かるわけがない。「私、就活病です！」って言っているようなもん。何なら、むしろ落ちにいってるようなもの。だってそこには熱がないし、愛嬌もない。

それで話し方をただ変えただけ、いつもどおりに話すようにしただけで、面接の評価がそれこそ「劇的」に変わる。

ここまで1か月で20社を落ち続けてきたその学生が、その後の3週間では一度も落ちないどころか、2社から内定をとるくらいになる。

話す内容なんて何も変えていません。その学生自身も何も変わってない。

ただ話し方を変えただけです。でありながら、かたや20社連続で一次面接で落ちる。かたや一度も落ちずに内定をとる。まったくもって一切盛っていない、ただの事実です。

世に言う「**人事は人を見るプロ**」って、**なんやね～ん！！**
ゆ～てもそんなもんです、面接なんて（と、あえて言う）。

たかだか話し方で評価が変わるようなレベル。細かい小難しい面接対策なんてする前に、ちゃんと相手に伝えることを意識して、伝わるように話すこと。「普通に会話」ができる人だと思わせれば、それで十分万全、大丈夫です。

「非常識」就活法④
気持ちはいつも「先手必勝」

｜「待ってる姿勢」がおもろくない ◄

　こっちは好意があるのに、連絡してくれないあの人。
　飲食店でのアルバイト中、あのお客さんいつ注文するの？
　恋人との日常、これって言わなきゃわからんの？
　サークルやアルバイトの後輩、いつまで指示を待ってるの？

　面接の7割が「よ・ね」という話をしたあとで、何の話をしているのかというと、これも面接対策の大事なポイント。残りのうちの2割が「先手必勝」です。

　というのも、就活病の学生たちはどうにも「言われないと動いちゃいけない」と思ってる。
　ノックをして「お入りください」と言われないと入室しちゃいけない、椅子の横に立ってあいさつした後も「お座りください」を言われるまでは座っちゃダメ。
　座ったら座ったで、背筋をピシッと伸ばして話しかけられるまで指示を待たなきゃ……。

　って、お～い！！？？？？
　そういうタイプの社会人になりたい感じ？　……なの？

「指示があるまで動くな！」「言われたことだけやれ！」「許可なくしゃべるな！」「個性を出すな！」って、そんな戦争映画みたいなところで働きたいタイプ？

　いやいや、そんな社会人は少ないし（いないとは言いきれない……）、そもそもどうにも「おもろい学生」の雰囲気は感じない。何より普通に会話ができそうに思えない。

　だからこその「先手必勝」。

　相手は当然「さ〜て、いまから面接するぞ〜！」で待っているわけで、いきなり「いますぐ面接、お願いしまっす！」って飛び込むわけじゃない。普通にノックしてそのまま「失礼します」でいい。

　着席を促されなくても、ひと言「よろしくお願いします！」くらいでそのまま座るほうが自然じゃない？

　だから面接の導入・入口のポイントが、これです。

「とりあえず先にひと言、しゃべっちゃえ。先手必勝！」

「ちょっと緊張してます〜」でも「この辺に来たの初めてで、15分前に着いちゃいました」でも「受付、すごいカッコいいですね」や「今日は面接何人ですか？」でも何でもいい。

　オンラインなら「オフィスですか？　ご自宅ですか？」とか「普段からノーネクタイなんですか？」みたいなことを、とりあえずこっちから話しかけてみちゃえばいい。

　それこそ社会人の商談でも、本題の前にちょっとした雑談でアイスブレイクをするのは一般的なことです。就活の面接だからって、やっちゃいけないわけがない。

会社や人によって堅い雰囲気でやりたそうな人がいたとして、「違うっぽい？」と感じたらやめればいいだけ（脱・失敗過敏症＆相場観！）。むしろ先手必勝で仕掛けることで、相手の反応から雰囲気や人柄を感じることができる、という意味でもやらない手はないんじゃない？　とさえ思います。

　とっても簡単な面接テクニック（というほどでもない話）だけれど、企業の人たちはよく言います。
「自分で考えて動ける人がほしい！」「言われて動くんじゃなくて、自律的に動く社員になってほしい！」「指示待ちにならないで！」って…………それじゃん！！

　入室するにも椅子に座るのにも話し出すにも、指示や許可がなければ動けないのって、ちょっと残念な学生に見えそうです。「ワタクシは！」の就活病の学生だらけの中で、「お？　ちょっとおもろそう？」と思わせられる可能性を考えたら、どんどんやったほうがよさそうな気がしませんか。

「よ・ね」も「先手必勝」も、「相手による」かもしれません。ただ少なくとも、ぼくがこれまで検証してきたところでは、やったほうが確実に評価されやすい。
　そうじゃない企業の人もたしかにいるでしょうけれど、そのへんは上手に「相場観」で対応しちゃいましょう。

すべての言葉は「コンセプト」のために

　そして最後の１割、それが第４章に説明した「コンセプト」です。あれです、「25字のCCP」のやつです。

　当たり前のことだけど、面接に正解なんてありません。
　ただ、絶対的な大前提として揺るがないのは、企業は学生に「どんな人ですか？」を聞いているだけだということ。
　どんな質問であったとしても、本質はただそれだけです。

　そして、ここまでこの本を読んでくれたみなさんは、確実に軸になる「25字」をもてばいい。まずはそれだけ。ちゃっちゃとやってみよう。
　あとはただただ、その25字で伝えようとしている自分が伝わるようにしていけばいい。どの角度から質問をされたとしても、焦らなくて大丈夫。その25字につながる言葉を発していけば、それで十分正解と言えるはず。ってか、正解に「させる」んです。

　逆に、一般的な面接問答集で変な情報を仕入れてしまうと、コンセプトの定まらない受け答えになって、相手の頭の中にイメージを描いてあげられない。

　細かい「面接対策」なんて、とりあえずいら〜ん。
　まずは「よ・ね」で７割、「先手必勝」で２割、ダメ押し１割の「コンセプト」で、面接をよゆ〜でクリアしちゃってください。

「非常識」就活法⑤

「○○力」は、これ一択

そもそも「○○力!」って自分で言う?

　就活商人が好んで使う言葉に「○○力」とか「△△性」があります。

　彼らは「アピールポイントを明確にするために!」と言って、そういう○○力のリストまでつくってくれたりしちゃって、「それを伝えるエピソードはこんなのを!」って教えてくれます。

　でもね。
　「○○力」や「△△性」って、自分で言うものかな……?
　そういうのって、本人の話を聞いたり、行動を見たりした人が客観的に判断するときに使う言葉です。自分で「ど〜だ!どうすか!?　あるでしょ!?」って言えば言うほど、むしろうさんくさくなる気がするのは、ぼくだけですか?

　もっと言うなら、本来は受け手が判断するものを、自分の狭い了見で、見え方を限定しちゃってるのがもったいない。
　<u>企業の人たちは学生のいろんな可能性や、本人も気づいていない良いとこ探しをしようとしています。</u>
　なのに、変な言葉を使って、先入観を固定しちゃうリスク。

〇〇力や△△性は、状況や環境や比較対象や要求レベルや、それこそ受け手の価値基準によります。

　もちろん企業からすれば、「どの程度の範囲をどんな基準で言ってるのか」を認識するための参考にはなるけれど、そこまで汲んで選考している企業の人は、残念ながらまだそれほど多くはありません……。

　ぼくが、まずは「キャラ（欲求）」を伝えよう、と提案しているのもそれに関係しています。

　スキルや能力、成果や実績は受け手によって評価が変わる（悪い表現をすれば、否定ができる）けど、欲求は否定できません。

　たとえば、中学生があなたにアピールしてきます。

　野球少年が「長打力が強み！　おれ、まじですごいんす！」

　ダンスや音楽で「リズム感は誰にも負けません！」

　これだと「ほうほう、いかほどのものか……？」って思っちゃいませんか。けれど彼らがこう言ったらどうでしょう。

「長打が気持ち良いから、もっと打てるようになりたい！」

「リズムとの一体感に感動するし、感動させたい！」

　受け取りやすいし、むしろ教えてあげたくなりませんか。

　内容は同じなのに、能力やスキルの話をされるより、欲求の話のほうが受け取りやすくなる。応援したくなる。

　社会人からすると、学生の〇〇力はそういう感じです。

　欲求で伝えたほうが、どんな人でも受け取りやすい。

　そしてもうひとつ。〇〇力とか△△性って言葉は、あんまり

日常生活で使わない。そんなに意識してすごしてなくな〜い？という意味で、納得感や説得力が伴わない。

　そもそも日常的に使わない言葉なのに、就活の場になっていきなり言い出すのって、そりゃ「信用」しにくいです。
　日常生活で「主体性が発揮されるねぇ」とか「それは継続力の賜物だね」とか「すごい傾聴力だよね」なんて言わなくない？（言うのかな……）

　日常で使わない言葉だからこそ、その「力や性」のレベル感や意識や鍛え方、発揮の仕方が想像しにくい。
　あまりにも発し手、受け手、個人の価値観や判断や裁量によって認識が変わる言葉です。だからこそ企業の中には、言葉の定義を決めて、行動内容や出てくるキーワードまで設定しているところもあります（ほとんどないけど……）。

「包容力と経済力と決断力があります！　それがぼくの強みです！」と言われて、「たしかにそうだ！　そのとおり！」にはならなそう。
「○○力」や「△△性」は、あくまでも受け手が評価するときに使う言葉。
　少なくとも、自分で使う場合は、「達成レベルの目標値と、その評価項目・取組内容・期限」を設定してあったものくらいじゃないと、信用は生まれにくい。
　あんまり「○○力」や「△△性」に縛られちゃうのは、もったいないですよ。

日常的に磨ける便利な能力

　就活では、いろんな「○○力」が言われて、ぜんぶを身につけなくちゃいけないと思ってしまうけれど、基礎中の基礎の○○力は何かというと、たったひとつだけ。

　むしろ、この能力がないままに他の○○力をいくら習得しても、使い道のない資格と同じで骨折り損になっちゃいます。

　それが何かというと「**想像力**」です。

　ここに至っても、まだまだバカみたいでしょ？
　ただ、やっぱりすごそうでそれっぽい○○力よりも、これこそ最強最優先かつ仕事でも日常でも使える（でありながら、世の中で軽視されている）有用な力。
　想像力って、むちゃくちゃ使い勝手のいい「力」です。

　想像力があるだけで、何ができる人になるか。
　日常でも磨けるし、仕事でも使える想像力とは何か。
　というと、とりあえずは３つだけ、伝えておきます。

　まずは単純。
　ひとつめは、社会も就活も、相手の信用を得ることを前提として、「**相手は、いまどう感じてるんだろう？**」の想像力。

　就活でもそう。仕事でもそう。自分のベストを投げつけたからといって、相手から評価や信用を得られるわけじゃありませ

ん。

　社会人の間では、売れない営業に対して「押し売り営業してない？」なんて言ったりします。自分に矢印が向いてる人は、相手を想像する余裕がなくなっちゃう。だから売れない。

　あくまでも相手が求めているもの、期待していることに応えるからこそ信用が生まれる。としたら、相手がどう受け取って、何を求めているかを「想像」できる人とそうじゃない人、どっちが信用を得やすいかといったら……。

　仕事レベルの話じゃなくても、日常会話でもコンビニやスーパーの会計でも、ちょっとしたSNSのやりとりですら、それを想像する人としない人では対応の仕方は変わります。
　相手がしてほしいこと、何をしたら喜んでくれそうかを「想像」できる人が信用を得られる。もちろん就活でも同じです。

　そしてふたつめが、「**選択肢を増やす**」ための想像力。

　ビジネスにかぎらずアスリートや棋士も、何なら詐欺師ですら、彼らは「相手の心情を想像」した上で、どんな手を打てば成功するのかを考えます。
　そして、その「手」は、ひとつであるはずがありません。

　みんな「こう来たら、こう」「こういう場合はこうして」「こんな反応もあるかもしれない」まで考えて、そのそれぞれに複数の手を想定します。将棋の場合は何億パターンの中からの一手とも言われます。
　それって完全に、想像力です。

「答えはひとつじゃない」なんて、よく使われる言葉だけど、それは「世の中的に」というだけじゃなくて、自分の動き方や考え方、誰かに何かを伝えるときですら、そうです。

　だからこそ、いつでも複数の選択肢をもっておきたい。
　その上で、状況に応じて、相手に応じて「どれを使えばいいかな～」を考えられるほうがいいですよね。
　面接だって、「うわ！？　どう答えよう……！」になるより、「あ～、それ聞かれると思ってた～」って、先に選択肢をもっていたら楽ちんです。しかも、答えられる言葉がいくつもあったりしたら……！！

　そういう意味で、あんまり「一問一答」で満足しないでほしいんです。切に……！！
　学生のノートを見ていても、どうにもひとつの答え（らしきもの）が見つかったら満足しちゃう。
　ホントは「一答」なんて、むしろ難しいはず。
　「これしかない！」なんて言葉は、たぶんありません。

　それが見つかったとして、そこからもう一歩、違う言葉にしてみたらどうなるかな、この土台で考えてたけど他の可能性はないかな、誰にはヒットして誰には響かない可能性があるかな……。って、違う答えを持ってるほうが、切れるカードの選択肢が増える。
　「渾身の一品！」は、たくさんの要素が組み上がってできるもの。どんなに小さいことでも「一問多答」を習慣にしておくと、より正解に近づける可能性が高まります。

そのために、想像力で選択肢を増やしておくだけで、対応力が上がります。もちろん準備の仕方は、ノートを書いてたくさんの言葉の選択肢を増やすことです。

そして３つめ。
「できてる状態」を明確にするのは、想像力。

どういうことかというと、「成功イメージの有無でメンタルも取り組み方も、結果も変わる」ということです。

たとえば、NBAではステフィン・カリーという選手が出てきたことで「３ポイントシュートって、もっと遠いところからでも入るんだ！」と多くの人が知って、いわゆる「ディープスリー」といわれる超遠距離シュートに挑戦する人が増えました。
大谷くんの投打二刀流も、みんなが不可能だと思っていたところに、「できる人もいる」が見えたことで、挑戦する人が増えていく。

普通に義務教育のお勉強だって、まわりができない人だらけだったら「できなくたって当たり前〜」になっちゃいます。けれど「できる人がいる」のが見えるだけで、それを目指せる頑張れる。

カリーや大谷くんのような例は、あくまでも実在するパターンだけれど、たぶん彼らは「できてる自分」をイメージできていたと思うんです。
iPS細胞の山中教授も、青色発光ダイオードの中村教授も、自分で「できてる状態」のイメージがあったから、必要な研究

や練習を積み重ねてきた。それがなかったら、諦めるどころか始めてすらいないはずです。

　彼らほどの驚異的なレベルじゃないにしても、ぼくらがそこから学べるのは「できてる状態」をイメージできてたら気持ちも練習効率も上がりそうだよね、ということです。

　就活という場になると、相手が求めていることに「合わせる」ことを考えすぎてしまって、「どうなりたいの？」「何ができるようになりたい？」の視点がなくなっちゃう。

　でも、企業が求めてるのはやっぱり、合わせる人じゃなくて、自分でなりたい姿を描いて、そこに熱量をもって進んでいく人です。

　だからこそ、の想像力。

　相手が良い状態になるように、選択肢を増やして、できてる状態を「想像」できてる人って、「おもろい人」な気がしません？そうなるために、日常的に想像力を使っていきましょう。

「非常識」就活法⑥

「3人の理解者」が就活の鍵

就活商人は、あなたを知らない

いよいよこの本も終盤に差しかかってきました。

ここまできても、やっぱり細かい就活テクニックや例文やら研究方法やら問答集の話がぜんぜん書いてない！　を良しとしてくれる人もそうじゃない人もいると思います（そうじゃない人はここまで読んでくれてない……）。

とはいえですね、本当にいらないんですもん。
細かいテクニックや例文やら研究やら問答集なんて。
何度も繰り返してきたので、わかってくれていると思いつつ、改めて言うと「就活は"合わせる"からうまくいかない」。
ちゃんと普通の自分を提示して、それを「おもろい」と捉える企業に評価されれば、それでいい。そのために、背伸びをするんじゃなくて、日常に地に足をつけて「普通の自分」の底上げをしていくだけでいい。

そりゃ、ぼくだって細かいテクニックや理論的なことや、文章の書き方や学問的なうんたらかんたら、書きたいことはたくさんあります。かしこそうなこと、書きたい。

でも、そこまで必要ないんですもん。

　少なくとも、いまの就活・採用においては……。

　そんな話をしてきた中で、もうひとつ最後にバカみたいなことを書きますね。

「自分を知ってくれてる人のアドバイスを聞こう」

　ほらね。最後までバカっぽい。

　どういうことかというと、みなさんに「アドバイス」をしてくる**就活商人たちはだいたい、あなたのことを知らない。**

　でありながら、一般的な「こうしたら内定がとれるよ」という方式に学生たちを引っ張り込んで、それができるようになりましょう、できないと内定なんてとれないよ、もっとこれもやらなくちゃ……って言ってくる（人が多い）。

　まあ、その方法もわからないでもありません。ずっと前の就活だったら、ぼくも言うかもしれません（言ってた）。

　けれど、いまの就活はそんなとこまで必要ありません。

　ただただ、自分の「いいとこ探し」をして、それを自信と愛嬌をもって、それなりに言葉で話せたら、どうにでもなる。

　細かなテクニックや言い回しや文章構成やら何やらよりも、とりあえず自信をもって話せるような「いいとこ探し」こそが、ただただ起点。テクニックや知識はその次の次の次くらいでいいんです。

　だから、まずは「自分を知ってくれてる人」に頼りましょう。難しいことを考える前に、CCPのコンテンツやプロモーショ

ンで悩む前に「ここ、いいとこだよ！？」をわかってくれる人を頼ればいい。

　普通に「こんな素材でっす！」でいいんです。
　自分をわかってくれてる人こそが、いちばんのアドバイザー。
　そこさえ押さえておけば、あとは仕事やビジネスで活躍する人のサンプルをもってる企業の人たちが、勝手に「こんな感じになるかも！？」って、想像してくれます。

知らない人に助言はできない

　ぼくがネットで就活相談に乗らないのも同じ理由です。

「その人」を知らないのに、文章添削や面接対応や表現方法や、そもそも何を伝えるべきか（コンセプト）の判断材料がないからです。

　逆に、ぼくがかかわってきた学生たちの就活が順調だったのは、彼らが素の状態を見せてくれたからでした。テクニックや理論の話なんかより、素の日常の彼らを見せてもらえたからこそ、「ここ、ええやん♪」の話ができた。

　そもそもの「その人」がどんな人なのか、どんな素材で、どんな可能性がありうるかが見えるからこそ「コンセプト」のヒントがわかって、その人に合ったコンテンツ選択とプロモーションの方法を考えられるわけです。

　そういう意味で、みなさんが就活の相談をする相手として適

切なのは、「素の自分」を知ってくれてる人たち。

　自分ではまだ気づいていない「いいとこ」をわかってくれる人に、まずは相談してみましょう。

　それこそ、本人の良さを知らないままに「こうしなさい！」という就活商人の気持ちが、ぼくにはわかりません。誰かの人生に手を突っ込む仕事だからこそ、安易に手を突っ込みたくない。

　もちろん就活は、不安だらけです。

　できていないことや、やらなきゃいけないことが見えすぎて「まだまだぜんぜんダメなんだ……」で、疲れちゃう。

　その前にまずは「できてること」に気づきましょう♪

　相談するのは、自分を知ってくれてる人。細かいテクニックや理論やスキルを教えてくれる人よりも、まずは自分の「理解者」に頼りましょう。自分の理解者がいることで、ちょっとは安心できるはず。

　できれば、３人。

　できれば、社会人も含めて。

　変に就活就活してしまう前に、自分の素を出しながら、いいとこ探しをしてくれる理解者がいるだけで、就活は大きく前進するはずです。

　ぜひ、自分の理解者を見つけて頼ることで、自分では気づいていない魅力を発見してください。

「非常識」就活法⑦

「PDCA」より「DT」

┃「プランする」より、やって、書く ◀

　基礎力チェックに三大疾病、日常の五ヶ条と 25 字。
いろんな話を書いてきましたが、これで最後です！！

　この本をここまで読んできてくれたということは、たぶんそ
れなりに納得をしてくれて、楽しく読んでくれたのかな、と思っ
ています（そうであってほしい）。
　で、そんなみなさんに伝えたいのが、これです。

「DT サイクル」！！

　ここまでの内容を理解して、納得をしてくれたり、ちょっと
気がラクになったり、もしくは就活が楽しみになってくれたら、
とてもうれしいです。
　しかし！　しかしながら！
　ぼくが知り合ってきた学生たちの中にも、やっぱりそれでも
数週間や数か月ほどして「どうにも就活がうまくいかないです
……」という人もいます。そりゃあ、いる（だってそもそも相
談も報告もしてくれない人はそうなりがち……）。
　そんな学生にぼくは聞くわけです。

ぼく：「ノート、書いてる？」
学生：「や……最近書いてないです」
ぼく：「キャラは決まってる？　決めてみた？」
学生：「ちょっとまだ迷ってて……」
ぼく：「おっさんやおばさんの知り合い、できた？」
学生：「いないです……」
ぼく：「ちょっとノート見ながら話そっか？」
学生：「いや、いま持ってなくて……」

って、**そんなんでうまくいくか～い！！！！！**
と内心で叫び声を上げています（たまに実際に言う）。

　そりゃそうです。話を理解しただけで、本を読んだだけでできるようになるなら、読書家の人は世界を救う学者になれちゃうし、筋トレ本を読んで筋肉がつくなら、ぼくは何十冊でも読みます。
　この本にかぎらず、世の中のビジネス書だって参考書だって、ダイエット本だって、読んでわかったあとに「やってみる」をやるから実現・上達していくわけです。

　だからこその「DTサイクル」。これ大事。

　「DT」って何かというと、「**やる（Do）**」と「**考える（Think）**」です。ただただシンプル、これを繰り返していきましょう、という話です。
　ビジネス社会では「PDCAサイクルを回しましょう」とか「いや、いまはOODAループの時代だ」なんて言われているけれど、ぼくからしたらそんなにアルファベット、いらない。というか、

学生には必要ない。むずかしいっす……。

　だってそもそも「プラン（計画）」をしようにも、就活そのものが初めての経験なわけで、怪しい人や都市伝説だって溢れてるのに相場観もない。そこでプランを立てようものなら、わからないまま迷路に入り込んでず〜っとプランプランでぷらんぷらんするばかり……。

　何より PDCA も OODA も「やる」が最後にあるんですもん。（そもそも PDCA なんて「Do」と「Action」で「やる」がふたつもあって、何が違うんだろう？）

　そんなことより、まず！　やろう！　でいいんです。
　やってみてから、考える。やる、が最初。
「JUST DO IT」のナイキはやっぱり素敵。

　とりあえずやってみて、何がうまくできたのか、どこを修正したらいいのか、他に何を考えてみようか、じゃあ次にはどうしてみるか。じゃ、もいっちょやってみよう。やったらやったで……（繰り返し）。

　少なくとも、この本に書いてあることは、他の就活本よりもシンプルなことばかりにしたつもりです。就活なんて始まってなくても、就活をやらないとしても日常でできることを、書いてきました。
　ゆ〜たら、やろうと思えば小学生でもできるくらいのことかもしれません。ってか、できる。
　基礎力チェックにかぎらず、スキルや能力や学歴や資格に関

係なく、誰でもできることばかり。

　でありながら、そりゃ、やらなかったら上達するはずがありません。やって考えて、考えてやって……を繰り返していると、いつか考えなくてもできるようになります。それこそ自転車の乗り方と同じです。

　それが考えることの価値だし、経験の価値です。「考えなくてもできる」ことが増えるほど、おもろいことが増える。

　だからこそ、やろう！！
　やってみ〜ましょ？　やってみて♪

　それで「うまくいかない」なら、別の方法を試せばいいだけです。100枚のワークシートをしてみてもいい。数十万円のセミナーに参加してみてもいい。キャリアセンターでもマナー講座でも「じゃあ次を試そう！」でいいです。

　いろいろ試してみて、自分に合うものを探していくのも、新しい発見や気づきや学びになります。

　とりあえずはここでも、STOP！　失敗過敏症！

　ちょっと試してみるだけでいろんなヒントが見つかるはずです。それを踏まえて、やる。そして考える。

　ここまでのぼくの話を理解してくれた人、楽しんでくれた人は、ぜひやってみてください「DTサイクル」。

　そしてちなみに念のため、ここで言っている「考える」は、もちろん「ノートを書く」ということです。いつもカバンにノートを入れて、いつでもすぐに書けるようにしてくださいね。

「おもろい学生」になろう

「就活ごとき」を楽しんで

長々お付き合いいただき、ありがとうございました。

冒頭に書いたように、いまの就活はどんどん「楽ちん」になってきています。その一方で、就活がどんどん「小難しく」なっているのが、ぼくはとてもとても、もどかしい。

それで、学生たちの頭の中に「就活おばけ」が現れて、みんなを怖がらせてるし、怖がってる。そんなのはただの妄想だし、おばけを退治する方法をここまで書いてきました。

ちょっとは怖くなくなりました……？
少しは就活が楽しめそうになったでしょうか。

とりあえず、就活は「25字」を探す旅です。
目的地は、まずはそこ。もちろん、いきなりそこに到達するのは難しい。少しずつ迷いながら間違えながら、いろいろ試しながらそこを目指してみてください。

たかだか就活ごとき（何度でも言います）で、精神的にしんどく苦しくなってしまう学生が増えているのは、社会としてちょっとおかしい、もったいない。

就活って、本来はもっと可能性にワクワクしたり、自分の成長を感じたり、新しい発見をしたり、新しい出会いがあったり、知らなかったことを知る刺激があったり、できなかったことができるようになったり、普段は会えない人に会えたり、その人が自分に興味をもってくれたり、さらにはアドバイスまでくれたりする活動です。

　その上、さらにこれから先の人生で、社会や他者に価値を生み出す場所を見つけられる。
　んで、就活をそう捉えている学生がいたら、企業の人たちも「おお、おもろい！」って感じるような気がしません？

　だからこそ、さっさと就活おばけを退治して、「おもろい学生」になってください。そのためのツールやヒントや考え方を、この本から吸収してもらえたらうれしいです。

　何度も書いてきましたが、就活病を始めとした「三大疾病」は、学生たちの熱を奪う病気です。
　本当はまだまだもっと「おもろい」はずの学生たちが、就活を前にしてどんどん熱を奪われて（場合によっては就活商人にお金も奪われて）しまう現状が、つくづくもったいなく「バカみたい」な悲劇に見えちゃうんです。

　この本を読んでくれた人たちが、就活病を始めとした三大疾病をさっさと治して、学生にとって「就活」がちゃんと楽しいものになっていってほしいな、と願っています。
　ぜひぜひ就活、楽しんでくださいね〜♪

おまけ

相手の脳内に「絵を描こう」

　それっぽく締めたフリをして、ここまで読んでくれたみなさんに、付録的なおまけを最後にちょっと……。

　ここまでずっと、いわゆる就活本的テクニックや例文を頑なに書いてきませんでした。それはもちろん「合わせる」のをやめてほしいし、「正解」を求めずに自分なりの言葉を考えてほしいからです。

　とはいえ「ホントに就活うまくいくの？」「実際、どんな自己PRを書けばいいの？」と思う人もいると思います。

　ので、ここまでの話を踏まえて、ぼくのまわりの学生たちがどんな自己PRを書いてきたのか、いくつか載せてみます。

　実はこれって苦渋の決断でして……。それこそ就活病にかかったままだと、表面的な文面（プロモーション）を真似しようとしちゃう可能性があるからです。それだと何の意味もありません。

　彼らの自己PRは、できあがるまでに十何冊のノートと、何百時間の他者との会話を経て、できたものです。

だから、面接でどんな角度からでもいくら突っ込まれても、答えられる。ESは8割くらいは通るし、序盤や中盤の面接で落ちることなんてほとんどない。

そんな彼らの自己PRと、就活病的な自己PRとの違いを感じてもらえたらうれしいです。それこそ細かいテクニックや理論は詰め込んでいるけれど、そのへんはあんまり気にせずに読んでみてもらえたらな、と思います。

最初に答え（？）を言ってしまうと、

「やっぱり欲求、大事だよね」
「成果や実績、スキルや能力、書いてないでしょ？」
「数字やデータなんて、ぜんぜんない」
「人が動いてるイメージが浮かびません？」
「アダ名、つけやすいキーワードがあるでしょ」
「どう働いてくれそうか、想像できそうじゃない？」

あとは、ただただシンプルに「会って話を聞いてみたい」「なんだか他の学生とは違うぞ……？」って思うんじゃないかな〜、と。

大事なことは「相手の頭の中に絵を描く」こと。業務報告書でもなく、作業手順書でもなく、成果自慢や能力披露でもなく、「欲求によって動いてる姿」をイメージさせたい。

本当に、くれぐれも表面的な文体だけで「こうすればいいんだ！」とは思わないでくださいね。

ここまで読んでくれたみなさんが、この自己PRの文章の本質をわかってくれたらうれしいです。

①友好種族（広告）

「いじめはエンターテイメントだ！」と考えるようになって、人生が変わりました。

トイレの個室で上から降ってくる大量の水。最初は「いかに避けるか」ばかりを考えていました。しかし、ある瞬間に「これは"求められている"んだ」と気づき、それ以降は、どれだけズブ濡れになれるかを考えるようになりました。「やめてよ〜」とリアクションする自分を笑ってくれる彼らに対して抱いていたのは、いつも感謝の気持ち。

それ以降「日常はいつもエンターテイメント」だと考えています。だからこそ全身全霊で応えていきたい。そのおかげで、ニューヨークでタクシー運転手に紹介された家庭に1か月住ませてもらえたこともありました。日常生活で接客をしてくれる飲食店の人たちに話しかけることも心がけています。

今後も、自分に関わってくれる人たちへの感謝や自分を求めてくれる人がいることの喜びを感じながら、絶対的な努力をもって応えていきたいと考えています。

②求道種族（IT）

「やりすぎ」じゃないと落ち着かない。

私が何かに取り組むと、周囲から「そこまでやるの？」と言われます。始まりは1歳の「涙の親指事件」。母におしゃぶりを禁止された私は、目の前に親指を立てて何十分も我慢の涙を流し続けました。

その頃から、私の日常生活は「失敗が許されないプロジェクト」ばかりです。知人の店の立ち上げも、地域情報紙の編集長の仕事も、日常生活の排水溝のヌメリ取りさえも、人に「そこまでやるの？」と言われるくらいが、私にとっての及第点。

1年以上続けている日替わり店長の店では、店長として毎週異なる日本酒を用意して、蔵に訪問して杜氏の話を伺い、洋風料理との食べ合わせ提案などをしてきました。それも、私にとっては日本酒好きの若者を増やすプロジェクトのため。

どんなことにも面白がり方がある、と考えながら130%の成功を目指す「もがき楽しむ」精神で、多くの人に影響を与えるプロジェクトを続けていきたいです。

③格闘種族（総合商社）

チームの目標に、誰よりも本気で。

「それはムリだろ？」と言われても、自分だけは本気でいたい。アメリカ留学中に入ったラグビー部。数十年も２部リーグにいたため、メンバーは昇格を諦めていました。それでも自分は「全員がまとまれば不可能じゃない」と思っていました。気まぐれな外国人、その中で最も背が小さく、「しょせん日本人の留学生だろ」と言われましたが、戦う集団にいる以上、勝つことを諦めるのは嫌でした。

　Ｗ杯を観ながらプレイ解説をして、練習場では草と石で説明をする。「発音が悪くて指示がわからない」と言われたことから、監督に直談判してサインを「骨・皮・筋肉」の３つに絞りました。勝ち続けることで、メンバーも試合中にいつも自分の声を聞こうとするようになりました。そして生まれた念願の勝利。チームの目標に自分が一番本気でありたい。勝ち続けることにこだわり勝つべくして勝っていきたい。そこに自分の成長があると考えています。

④研究種族（人材）

もっとクレームを聞きたい。知りたい。

　アルバイト先のお店の前で、クレームを叫びながら通りすぎる年輩の女性。「ここのコーヒー、不味くて飲めへんで！」　私自身もコーヒー豆の知識や淹れ方を学び、お店のコーヒーに自信を持ち始めた頃でした。

　女性がそうした行為をとった理由を知りたいと思い、私はすぐにお店を飛び出して、女性を招き入れました。コーヒーの好みだけではなく、家族や過去のことを聞いて、「なぜそう考えるのか？　彼女はどうしてほしいのか？」と考えました。そうして会話を続けた結果、最終的に「ウチの息子の嫁に来てくれ」と言葉をかけていただき、その後は常連になってくださいました。

　嫌われることは苦ではありません。相手のことをもっと知りたい気持ちが私の原動力です。それを知ることは、私だけでなく、関わる人たちの誤解やストレスを減らせると考えています。これからも「知りたい」を原動力に、動き続けていきたいと考えています。

あとがき的な
所感と希望

『逝きし世の面影』という本があります。

　幕末から明治にかけて日本を訪れた西洋人の手記をまとめたものです。

　当時の西洋人の目に映った日本人は、愛想が良くて配慮があって、冗談を言って笑いあって、貧しくても豊かで、慎み深く丁重で上機嫌……だったそうです。

　もちろん彼らの手記にはない部分で、粗野で横暴で不機嫌で、理不尽や差別もいろいろあったとは思います。

　ぼくは年に数回、この本をパラパラめくっては数ページだけ、読むというほどでもなく目を通して、いつも泣きそうな気持ちになります（泣きはしない）。

　150年前はこんな人たちが暮らしていた国だったんだな、と感慨深くなっちゃう。

　いまは就活にかぎらず社会や仕事の現場の至るところで、不安や悲観、不寛容、否定、苛立ち、不健全、諦観、不機嫌が見えやすくなっていて、あのときの日本人はどこに行っちゃったんだろう…って。

　まあ、時代は変わる。

万物流転、諸行無常、有為転変にVUCAの時代……。

おう、それはわかる。わかります。

でも、もうちょっと、みんなご機嫌にすごせんもんだろか。

少なくとも就活ごとき（とまだまだ言う）で、若者がしんどくなる世界はやっぱり違う。どこかおかしい。

学生たちは、スマホにどんどん流れ込んでくる意見や感想や噂や気持ちや、社会や就活や生き方の情報の洪水の中で溺れてる。しかも溺れている自覚はない。

そりゃ疲弊するのも当然です。

感情は、それがポジティブなものでもネガティブなものでも、使いすぎると疲れちゃう。擦り減っていく。

就活が複雑になればなるほど、情報が増えるほど、気づかないうちに学生たちの感情は削られていきます。

どうにか感情のムダ使いをしないで済むように、できれば感情の貯金（貯感？）ができるようにしたら、もうちょっとご機嫌に楽しくすごせる人が増えるんじゃないかと思うんです。

そんなことを考えながら、できるだけ学生たちの「不」や「悲」や「否」を減らしたくて、ぼくは就活をシンプルにしたいと考えてきました。

それでもまだ複雑で多分だと思われるかもしれないし、難しいと感じさせちゃう部分もあるかもしれないけれど、そのへんのことは本文に詰め込んだつもりです。

で、シンプルにいちばん伝えたいことは何だったかというと、

結局は、「人を喜ばせてナンボやで！」です。

　ああ、最後の最後までバカみたいなことを言ってるのは、自分でもわかってます。
　でもね、「三大疾病」も「五ヶ条」も「社会人基礎力チェック」も何もかも、この本の根本にあるのはそれだし、そもそも社会がそういうものなわけで、人を喜ばせることによって成立してる。

　んで、それは難しい話じゃなくて、とりあえず身近な誰かを喜ばせてみる。誰かの役に立ってみる。何かしらの価値を与えようとしてみる。自分に期待してくれている人の想いに気づく、応える。できれば期待をつくってみる。

　たとえ小さくても、それができるようになったら、その範囲を広げたり、もっと大きな価値を出せるように練習したりすればいい。自分に矢印が向きすぎたり、誰かと比べすぎたり、まだ起きてもいない不安を想像すると疲れちゃう。

　誰かに対して「こんなこといいな、できたらいいな♪」なんてことを考えているほうが、たぶん「おもろい人生」になっていくはずです。
　誰かが「かなえてくれる」のを待つよりも、誰かのそれを「かなえてあげる」人が増えることで、いまのなんだか不安だらけ不機嫌だらけの空気が変わっていくんじゃないかな、変わったらいいな、と思っています。

　たぶん150年前の日本の人たちは、そんな感じだったんじゃ

ないかな〜、と馳せる想像。

　あのときの西洋人が驚き、感嘆し、何なら憧れたりもした日本の良い「面影」をもう一度、なんてことを考えて泣きそうになるんです（泣きはしない）。

　そのためにとりあえず、この就活病だらけの就活を変えていきたい。就活病に終止符を打ちたい。そんな想いを込めて、この本を書きました。

　この本を読んでくれた学生のみなさんは、就活おばけに怖がることなく、できれば楽しんで就活をしてください。
　企業の人たちも、そんな学生たちをおもろがって、どんどん採用しちゃってください。

　「おもろい学生」が増えて、世の中にご機嫌な人が増えますよ〜に！！！　！！　！！！！　！！！！！！

2021年11月吉日　光城悠人

【著者略歴】　　光城　悠人（みつしろ・ゆうと）

北海道生まれ。東京、大阪、秋田、栃木、京都育ち。
立命館大学卒業後、エン・ジャパン（株）勤務を経て、京都で飲み屋「猿基地」
を開業。日々、学生や社会人と戯れながら就活ブログを執筆したのち、企業の
相談係やセミナーを行っている。酒飲み（焼酎・レモンサワー）。
著書に『内定力』（小社刊）がある。

内定メンタル

2021 年 12 月 10 日　　第 1 刷発行

著　者 —— 光城　悠人
発行者 —— 徳留　慶太郎
発行所 —— 株式会社すばる舎
　　　　　〒170-0013　東京都豊島区東池袋 3-9-7 東池袋織本ビル
　　　　　TEL　03-3981-8651（代表）
　　　　　　　　03-3981-0767（営業部直通）
　　　　　FAX　03-3981-8638
　　　　　URL　https://www.subarusya.jp/
印　刷 —— 株式会社シナノ